KB234849

10대들의
시계는

엄마의
시계보다
느리다

움직이는
서재
과거와 현재와
미래를 연결하는
지식 창고

중학교 교실에 머문 아이와 수능 시험장에 가 있는 부모!
그 간극을 줄이는 리얼 가이딩

10대들의 시계는 엄마의 시계보다 느리다

손동우 지음

부모는 사랑을 줬다고 말하고
아이는 받은 적이 없다고 말한다

부모와 자녀 사이에 시차가 생길 수밖에 없는 이유

대한민국 교육의 한 축이라 불리는 사교육 시장에서 '교육 컨설턴트'라는 일은 해결사 역할을 하는 영역이다. 예전이나 지금이나 사교육 시장에서 주로 하는 일은 학원이나 과외처럼 직접 아이들을 가르치는 일이다. 하지만 아무리 열심히 학원에 다니고 밤늦게까지 과외를 받아도 사교육의 효과를 봤다는 아이들이 그다지 많지 않다. 그럴 수밖에 없는 것이 아이의 학업 능력과 수준과 공부 방법에 대한 철저한 준비 없이 남들이 다 한다는 이유로 '그냥' 보냈기 때문이다.

뭐라도 시키면 성적이 오를 거라는 막연한 기대감만 가지고 광고에 많이 나오는 유명한 학원이라니까, 엄마들 사이에 소문난 족집게 선생이라니까 무턱대고 그냥 보낸 결과였다.

사실 부모들이 아이의 학업 능력과 수준을 분석하고, 아이의 장점은 물론 문제점까지 파악해서 그에 대한 대안을 마련하기란 결코 쉬운 일이 아니다. 이 일은 교육 중에서도 학업 성적과 관련된 매우 세심한 영역이기 때문이다. 그러다 보니 부모들은 누군가 자신을 대신해서 아이들의 공부와 성적을 관리해 줄 사람을 찾는다. 그래서 탄생한 것이 나 같은 '교육 컨설턴트'들이다. 이러한 이유로 교육 컨설턴트의 일은 학원이나 과외처럼 아이들을 직접 가르치는 '티칭teaching'이 아니라 스포츠 팀의 코치나 감독이 선수들 하나하나를 관리하고 이끄는 '코칭coaching'의 성격에 가깝다. 무조건 열심히 공부하라고 하기보다는 현재 아이의 수준에 맞는 공부 방법을 제시하고 계획을 잘 실행할 수 있도록 체크하고 관리하는 일이다. 물론 관리의 최종 목표는 부모가 원하는 지점까지 성적을 최대한 올려 주는 것이다.

그런데 코칭의 대상에는 아이만 해당되는 것이 아니다. 아이의 부모도 코칭이 필요하다. 성적이란 게 지능이나 학습 능력만큼 아이를 둘러싸고 있는 환경에 의해서도 많이 좌우되기 때문이다. 부모들은 아이가 열심히 공부하기만 하면 성적이 쑥쑥 오를 거라고 쉽게 말한다. 이론적으론 맞는 말이지만, 아이가 열심히 공부할 마음과 상태가 되기 위해선 여러 가지 요인이 뒷받침되어야 한다. 공부는 지능보단 멘탈, 즉 심리 상태에 더 많은 영향을 받기 때문이다. 특히 부모의 성격과 가치관은 아이에게 가장 많은 영향을 미치는 요소다. 이는 아이의 학업 능력과 성적을 좌우하는 결정적 요인이 되기도 한다.

부모들과 상담하면서 자주 나눈 이야기도 바로 이런 것들이다. 그런데 양쪽의 얘기를 다 들으면서 나는 종종 딜레마에 빠지곤 한다. 분명 같은 일을 두고 하는 말인데 부모와 아이의 얘기가 서로 다를 때가 많기 때문이다. 문제가 일어난 원인부터 일이 커져 가는 전개 과정과 결론, 서로에 대한 불만까지 양쪽의 얘기가 달라도 너무 다르다. 이런 식으로 양쪽에서 서로 다른 말을 하면 중재자인 나는 당황할 수밖에 없다. 내가 변호사도 아닌데 중재자라고 하니 좀 낯설게 들릴 수도 있지만, 아이의 문제는 곧 내 일이 되기 때문에 부모와의 불화를 해결하기 위해 적극적으로 나서야 한다. 그러다 보니 서로를 이해시키고 화해시키기 위해 노력하는 일이 자연스레 내 역할이 된다.

사실 어느 한쪽이 거짓말을 하거나 뚜렷하게 잘못한 거라면 중재는 쉬워질 수 있다. 하지만 부모와 자녀 사이에 일어나는 문제는 다르다. 갈등의 근원이 객관적 사실에 있다기보다는 주관적 느낌에서 비롯되는 경우가 많기 때문에 잘잘못의 선을 명확하게 긋기 힘들다. 부모의 눈에는 잘못된 일로 보이지만 제3자가 보기엔 별로 문제인 것 같지 않고, 아이 입장에선 불만과 원망이 쌓일 일이지만 사소한 오해를 크게 부풀려서 생각하는 것처럼 보이기도 한다. 이것은 각자 주관적 느낌과 입장의 다름에서 비롯된 오해일 뿐이다. 결코 서로에게 상처를 주고 서로를 괴롭히기 위한 의도적인 행위가 아니다. 왜냐하면 부모와 자식은 서로 사랑할 수밖에 없는, 그런 존재이기 때문이다.

아이들은 믿으려 하지 않겠지만 부모가 자식을 사랑하는 마음은 진심이다. 그런데 안타깝게도 지금 부모는 아이가 그 사랑을 느끼기 힘든 방식으로 주고 있다. 표현하지 않는 사랑은 사랑이 아니라는 말처럼 상대가 느낄 수 없는 사랑 또한 사랑이 아니다. 그래서 많은 아이들이 부모의 사랑에 확신을 가지지 못하고 있다. 분명 부모는 아이를 사랑해서 한 일인데, 아이는 그게 부모의 사랑이라고 느끼지 않는 것이다. 어쩌면 지금 대한민국에서 일어나고 있는 부모와 자녀 사이의 수많은 갈등과 불화의 원인은 이 때문인지 모른다. 부모의 사랑이 아이에게 제대로 전달되지 못하고 있는 오늘날의 현실, 그것이 모든 문제의 근원일 수 있다.

그렇다면 부모들은 왜 아이가 이해하기 힘든 방식으로 사랑을 주는 것일까? 나는 그 이유가 마음의 시간 차이 때문이라고 생각한다. 아이의 마음은 중학교 교실에 있는데, 부모의 마음은 벌써 수능 시험장에 가 있다. 수능 시험 날에 제일 중요한 게 뭔가? 바로 시험을 잘 보는 것이다. 오늘을 위해 지금까지 숨 가쁘게 달려왔고, 드디어 그 결실을 맺을 때가 왔다. 오늘의 시험 성적에 따라 인생이 좌우될 수 있다는 엄중한 현실 앞에서 다른 건 생각할 수 없다. 시험 외의 세상 모든 건 다 내일로 미뤄야 한다. 부모들의 심정은 이렇게 초조하고 절박하다.

부모는 이러한데 막상 당사자인 아이의 모습은 천하태평이다. 한 자라도 더 봐야 할 시간에 게임 한 판 더하기 위해 기를 쓰고, 한 문제라도 더 풀어 봐야 할 시간에 먹을 궁리만 하고 있다. 공부는 하는 둥 마는 둥 하고 라면 그릇을 끌어안고 한가로이 텔레비전만 보고 있는 아이를 보면 부모, 특히 엄마들의 분노지수는 순식간에 상승해 버린다. 그들은 늘 절박하고 비장한 상태에 있기 때문에 사소한 일로도 쉽게 분노한다. 그래서 이성의 끈을 놓아 버린 엄마들은 "지금 이 상황에서 밥이 목으로 넘어가느냐?"라는 말을 시작으로 잔소리 폭탄을 날리고 만다.

하지만 아이에게 수능 시험 날은 먼 미래의 일이다. 지금 당장 자신이 해야 할 일이 아니다. 그래서 부모들처럼 초조하고 절박하지 않다. 적당히 공부하고, 적당히 놀아도 된다고 생각한다. 자기 딴엔 웬만큼 공부했으니 라면 먹으면서 텔레비전 잠깐 보는 건 결

   10대들의 시계는 엄마의 시계보다 느리다

코 잘못한 일이 아니라고 생각한다. 그런데 엄마는 마치 자신이 큰 잘못이라도 한 것처럼 화를 내니 아이 입장에선 어이없고 당황스러울 뿐이다. 도저히 엄마의 행동을 이해할 수도 없고, 자신이 뭔가 잘못했다는 생각이 눈곱만큼도 안 든다. 결국 억울하고 분한 마음에 아이는 반항을 시작한다. 그런데 잘못했다고 빌어도 시원찮을 마당에 아이가 적반하장으로 나오면 엄마의 분노지수는 몇 단계 급상승하게 된다. 그러면 본격적으로 부모와 아이 사이에 전투가 시작되는 것이다.

모든 걸 나중으로 미루고 오직 공부만 하라는 부모의 요구를 아이는 이해하기 힘들다. 아이는 꽤 열심히 공부한 것 같은데 부모는 그 정도 공부해서는 턱도 없다고 다그칠 뿐이다. 대체 얼마만큼 해야 부모를 만족시킬 수 있을지 아이는 난감하기만 하다. 하지만 부모의 눈엔 모자라도 한참 모자라 보인다. 아이에게는 일상적인 시험이지만 부모들은 마치 수능 시험을 치르는 듯 매우 비장하다. 그래서 아이에겐 문제 하나 틀린 게 대수롭지 않은 일이지만 부모들은 1, 2점에 일희일비하며 그 난리를 부리는 것이다. 그럴 수밖에 없다. 수능 시험에서는 문제 하나에 따라 희비가 엇갈리는데, 이미 마음이 수능시험장에 달려가 있는 부모로선 그냥 넘겨 버릴 수 있는 일이 아니다. 하지만 아이의 눈에 시험지를 휘날리며 난리를 부리는 부모의 모습은 이해하기 쉽지 않다. 그저 유난스럽고 극성맞

게만 보일 뿐이다. 이런 마음으로 뿌루퉁하게 앉아 있는 아이를 보면 부모의 속은 터지다 못해 새까만 재처럼 타 들어갈 뿐이다. 아이들이 내 꿈이고 희망인데, 마냥 이러고만 있으니 아이의 앞날이 암담하기만 하다.

이렇게 마음의 시간 차이는 모든 것을 다르게 받아들이게 한다. 부모가 자식을 사랑하지 않아서가 아니다. 아이보다 너무 앞서 가 있는 마음 때문에 아이에게 자신의 사랑을 제대로 표현하지 못하고 있다. 그러다 보면 부모와 아이 사이엔 매우 안타깝고 슬픈 일만 생겨 버린다. 이것이 내가 학부모와 아이들 속에서 느끼고 고민하면서 얻은 결론이다.

지금 부모와 자녀는 서로의 모습을 객관적으로 보지 못하고 있다. 아니, 볼 생각조차 하지 않는다. 그럴 기회가 없어서 그런지 아니면 너무 가까운 관계여서 그런지는 모르겠지만 서로 너무 멀어져 버렸다. 그래서 나는 이 책을 통해 부모와 자녀가 서로의 모습을 있는 그대로, 가감 없이 볼 수 있길 바라며 서로의 위치와 역할에 씌어진 관습과 가식의 포장지를 뜯는 용기를 냈다. 결국 이러한 나의 도전이 목표하는 것은 결국 부모와 자녀가 서로의 입장을 이해하고 공감하는 지점을 만드는 것이다.

그러기 위해선 그 누구보다도 나 스스로가 끝없이 솔직해져야만 했다. 따라서 내게 이 책은 엄청난 도전이다. 용기가 백배나 필

요했다. 나는 지금 동 시대를 살아가고 있는 이 땅의 부모와 자녀
가 그동안의 관습을 깰 수 있었으면 좋겠다. 그리고 용기 내어 서
로 먼저 다가가길 바라고 있다. 나는 사랑이 막힌 곳을 찾아 서로
의 마음을 속 시원히 뚫어 주고 싶다.

마크 쌤 손동우

차례

PART ★ 1 부모와의 관계에 대한 시차 극복하기

PART ★ 4
꿈에 대한 시차 극복하기

12:00
브라질 vs 한국

PART ★ 1
부모와의 관계에 대한
시차 극복하기

고마움도 미안함도 없는
관계로 가고 있다

'나'라는 존재를 만드는 믿음

사람의 인생에는 황금기라는 게 한 번쯤은 있다고 한다. 속된 말로 '잘 나가는 시기'. 활기와 즐거움, 자신감과 당당함이 찬란하게 빛나는 그런 때 말이다. 누군가가 나에게 인생의 황금기가 언제냐고 묻는다면 주저 없이 학창 시절이었노라고 대답할 것이다. 아마 나처럼 학교 다닐 때를 가장 좋았던 시절이라고 꼽는 사람들이 많을 것이다. 그때에는 먹고사는 일의 고달픔을 몰라도 됐고, 비록 근거는 없지만 미래에 대한 자신감과 희망이 넘쳐났기 때문이다. 더 솔직히 말하자면 부모님 품 안에서 맘껏 철없이 굴어도 되었던 자유를 그리워하는 건지도 모르겠다.

내 자랑을 하는 것 같아 쑥스럽지만 학창 시절의 나는 참 멋있는 아이였다. 학창 시절 내내 반장을 도맡아 했고, 공부는 물론 노는 것도 소홀히 하지 않아서 어디서든 존재감이 확실했다.

나는 언제나 당당했고 자신감이 넘쳤다. 그때는 내가 잘나고 특별해서 그런 줄 알았다. 하지만 어른이 되어 생각해 보니, 내가 그렇게 당당할 수 있었던 건 든든한 부모님의 뒷배 덕분이었다. 부모님은 늘 나를 귀하게 여기며 따뜻한 눈으로 지켜봐 주었다. 내가 나쁜 짓을 하는 게 아닌 이상 무슨 일을 하든 나를 믿어 주고 지지해 주었다. 설령 내가 실수를 하더라도 너그럽게 이해해 주며 괜찮다고 말해 주었다. 그런 부모님의 따뜻한 시선과 무한한 믿음 속에서 나는 무엇이든 할 수 있다는 강한 자신감이 있었고, 실제로 무엇이든 잘해 냈다.

중학교 2학년 때였다. 같은 반 친구와 사소한 일로 말다툼을 하다 운동장에서 주먹다짐까지 하게 된 일이 있었다. 서로 치고받고 엉기는 사이에 친구가 흘린 코피가 온통 내 티셔츠에 묻어 피범벅이 될 정도로 우린 격하게 싸웠다. 다른 친구들의 만류로 싸움을 끝내고 이내 화해하고 웃으며 헤어졌지만 문제는 그때부터였다.

나는 핏자국으로 붉게 물든 티셔츠를 벗어 들고 한참 고민했다.

옷을 버릴 수도 없고 엄마 몰래 빨아서 말린 만한 시간도 없었다. 하는 수 없이 피 묻은 티셔츠를 돌돌 접어 옷장 서랍 속 깊숙이 처박아 두었다. 그러고 나서 한동안 그 일을 새까맣게 잊고 있었다.

그런데 이게 웬일인가. 어느 날 옷장 서랍 속을 정리하다가 나는 깜짝 놀라고 말았다. 피 묻은 티셔츠가 깨끗이 세탁되어 고이 개어져 있는 게 아닌가. 이쯤 되자 궁금해졌다. 나는 당장 엄마한테 물어보았다.

"엄마, 저 티셔츠 누가 빨았어? 엄마가 빨았어?"

"그럼 엄마가 빨지 우리 집에 누가 또 빨래하는 사람 있니? 왜?"

"아니…. 저 옷에 피가 묻어 있었는데…."

"그런 것 같더라. 근데 표백제에 담가서 삶았더니 저렇게 깨끗해졌더라? 다행이야."

"응…. 근데 엄마, 왜 나한테 안 물어봤어?"

"뭐? 피 묻은 거? 뭐 그런 걸 물어봐. 우리 동우 얼굴 보니까 멀쩡하니 다행이고, 만약 다른 데에서 묻어온 거라면 그럴 만한 사정이 있었겠지. 우리 아들이 어디 가서 괜한 나쁜 짓은 하지 않잖아?"

대수롭지 않게 말하는 엄마를 보며 가슴이 철렁했다. 온통 피범벅이 된 티셔츠를 보면서 우리 엄마는 과연 어떤 생각을 했을까?

우리 어머니가 다른 어머니들에 비해 특별히 배포가 크거나 성격이 너무 쿨해서 그런 건 절대 아니다. 아주 오랜 시간이 지난 뒤에 어머니에게서 들은 이야기지만, 그때 피 묻은 옷을 보고 가슴이 떨려서 까무러칠 뻔했다고 한다. 우리 아들이 어디서 다친 건지, 누구를 때린 건지, 어디에서 피가 묻은 건지 온갖 추측과 망상이 난무해서 전화 벨소리만 울려도 깜짝 놀라는 시간이 몇 날 며칠 이어졌다는 것이다. 하지만 어머니는 그때 나를 붙잡고 어찌 된 일이냐고 다그쳐 묻지 않았다. 대신 별일 아니기를 간절히 바라는 기도를 선택하였다.

이런 엄마의 태도가 당시 나로서는 이해가 되지 않았지만 어찌 되었건 혼나지 않고 좋게 마무리되어 천만다행이었다. 그 후 나에게는 하나의 든든한 생각이 자리 잡게 되었다.

'울 엄마는 내가 뭘 해도 나를 믿어 줄 거야.'

그리고 그 믿음은 계속되었다. 고등학교 때 교복 주머니에서 담배가 나왔을 때도, 보충수업 땡땡이치고 당구장에 가서 담임 선생님께 걸려 집으로 전화가 왔을 때도, 여학생과 동네 공원에서 밤늦도록 시시덕거리는 모습을 보았을 때도 우리 어머니는 아무 말 하지 않았다. 좀 더 생각해 보면 우리 어머니의 그런 방식은 보다 이전부터 계속되어 왔던 것 같다.

어머니의 믿음과 기다림이 낳은 것들

한창 노는 것에 정신 팔려 있었던 초등학교 시절, 당시 나의 가장 큰 고민은 뭘 하면서 놀아야 오늘 하루를 알차고 즐겁게 보낼 수 있느냐 하는 거였다. 나는 늘 새로운 놀 거리를 찾고 어제보다 더 재밌게 놀 궁리를 하느라 바빴다. 그래서 학교 수업을 마치면 친구들을 모아 내가 생각해 낸 놀이를 하며 오후를 보냈다. 동네 골목을 신 나게 뛰어다니고 뒷산을 전쟁터 삼아 오르내리며 해 저문 줄도 모르고 놀았다. 그러다 밥때가 되면 자연스레 친구들을 이끌고 우리 집으로 우르르 몰려갔다. 그러고는 당당히 대문에 들어서며 큰소리로 외쳤다.

"엄마, 배고파! 밥 줘!"

그러면 부엌에서 저녁 준비를 하던 어머니가 환한 얼굴로 나와 친구 일동을 반겨 주었다. 오후 내내 뛰어다니며 노느라 얼굴엔 시커먼 땟물 자국이 번져 있고, 옷과 손발은 흙투성이가 되어 몰골이 말이 아니었다. 그런 몰골을 보면 눈살을 찌푸리거나 잔소리도 할 만한데 우리 어머니는 절대로 싫은 내색을 하지 않았다. 솔직히 어머니 입장에서 아무리 귀한 아들이라도 매일 저녁마다 흙투성이가 되어 친구들 무리를 끌고 오는 게 얼마나 귀찮았겠는가. 깨끗하게 걸레질해 놓은 마룻바닥을 시커먼 발로 뛰어다니며 노는 개구쟁이들이 못마땅했을 것이다. 하지만 아들의 체면을 생각한 어머니는 친구들 앞에서 나를 나무라지 않았다. 또 넉넉지 않은 집안 형편에 매번 아들 친구 녀석들의 저녁을 해 먹이는 게 만만치 않았을 것이다. 그런데 어머니는 단 한 번도 내 친구들을 그냥 돌려보내지 않았다. 내 체면을 생각해서 푸짐한 저녁상을 차려 주었다.

그땐 이게 얼마나 힘든 일인지 몰랐다. 내 어머니라면 내 친구들을 웃으며 환대해 주는 게 당연한 거라고 생각했다. 그러다 결혼을 하고 자식을 낳고 부모가 되고 나서야 매일 저녁마다 아들 친구 녀석의 밥까지 챙기는 게 보통 힘든 일이 아니라는 걸 깨달았다. 나를 닮아서 그런지 외동인 딸아이는 친구들을 집으로 자주 데려온다. 요즘 아이들은 특별한 경우가 아니면 대개 집에 가서 밥을 먹기 때문에 밥상을 차려 줄 일이 거의 없지만 꼬마 손님도 손님이라고 신경 쓰이는 점이 한두 가지가 아니다. 아이들이 시끄럽게 떠드는 소리도 거슬리고 깨끗하게 정리 정돈 해 놓은 거실이 난장판이 되면 화가 나기도 한다. 그래도 딸아이의 체면을 생각해서 싫은 내색을 안 하려고 하지만 가끔은 나도 모르게 표정이 굳어지기도 한다. 어쩔 땐 집에 데려오지 말고 밖에서 놀라고 완곡하게 거절을 하거나 이런저런 핑계를 댄 적도 있다.

분명 내 어머니도 나처럼 귀찮기도 하고 화가 나기도 했을 것이다. 하지만 어머니는 설령 속마음이 그렇더라도 그걸 내색한 적도 없고 내게 친구들을 그만 데리고 오라고 하거나 그냥 돌려보내지 않았다. 어머니가 그렇게까지 한 건 아마 귀한 자식의 체면을 생각해서 그런 것일 테다.

물론 우리 어머니도 내가 잘못했을 때엔 화도 내고 꾸중도 하셨다. 거짓말을 하거나 버릇없는 행동을 하면 눈물이 쏙 빠지도록 혼이 났고 종아리에 피멍이 들도록 회초리를 맞은 적도 많았다. 하지만 그럴 때에도 다른 사람들 앞에서 나를 혼내거나 소리를 지르진 않았다. 설령 잘못을 저지르더라도 둘이 있을 때까지 기다렸다가 나중에 따끔하게 혼을 냈다. 심지어 아버지와 누나들 앞에서도 화를 참았다.

아무리 어린 아이라도 자존심과 체면이란 게 있다. 그래서 칭찬은 많은 사람들 앞에서 하고, 꾸중은 둘만 있을 때 하라고 했다. 나의 어린 시절을 되돌아보면, 어머니는 그걸 철저하게 지킨 사람이었다.

그런데 모든 어머니가 우리 어머니 같지는 않았나 보다. 친구 집에 놀러 갔을 때, 친구가 부모님께 혼나는 모습을 종종 보곤 했기 때문이다. 심지어 엄마에게 욕을 먹고 손찌검까지 당한 친구도 있었다. 체면이 구겨질 대로 구겨진 친구를 위로하긴 했지만 도무지 이런 상황을 이해할 수 없었다. 우리 집에서는 절대로 일어날 수 없는 낯선 일이었기 때문이다.

아무튼 이렇게 어머니가 환대해 준 덕분에 나는 친구들 사이에서 단연코 부러움의 대상이었다. 친구들은 내가 우리 집에 가자고 하면 흔쾌히 따라왔다. 어머니가 나를 대접해 주는 것처럼 그들도 나를 존중해 주었고, 자연스레 친구들은 나를 존중하고 나의 말을 따르게 되었다. 우리 집에 자주 왔던 친구들 중 나를 함부로 대한 친구는 아무도 없었다. 나의 영향력이 커지면 커질수록 나의 자신감과 자존감은 높아져만 갔다. 그리고 어느 순간부터 이런 체면과 자존심을 유지하기 위해 내 나름대로 노력하기 시작했다. 내가 공부를 잘했던 것도, 학창 시절 내내 나름 잘 나갔던 것도 이 때문인 것 같다. 친구들이 나의 존재를 인정해 주기 시작하자 나는 그 위치를 유지하기 위해서라도 공부를 놓칠 수 없었고 자연히 공부를 잘하기 위해 노력할 수밖에 없었다. 내가 우등생의 신분을 유지할 수 있었던 원동력이자 비결이 바로 여기에서 출발한 것이다.

만약 부모님이 공부하라고 잔소리하고 성적을 갖고 닦달했다면 내가 그렇게까지 할 수 있었을까? 절대 못했을 것이다. 우리 부모님이 다른 부모님들과 다른 점이 있다면 나를 있는 그대로 받아들이고 믿어 주었다는 것이다. 부모님은 나를 비롯하여 우리 누나들이 잘하면 잘하는 대로, 못하면 못하는 대로 있는 그대로의 모습을 인정해 주었다. 좀 잘한다 해서 과도하게 기대하지 않았고, 못 한다고 타박하거나 강요하지 않았다. 모자라면 모자란 만큼 그게 지금 네 수준이라는 걸 그냥 인정할 뿐, 왜 이것밖에 못하느냐고 잔소리하지 않았다. 대신 앞으로 잘해 낼 거라 응원해 주었다. 우리 부모님은 그냥 나라는 존재 자체를 예뻐하고 사랑해 준 것이다.

우리 어머니의 그런 믿음과 기다림은 내가 커서도 계속되고 있다. IMF로 취업에 실패하여 낙담하고 있을 때에도, 사업을 말아먹고 손가락 빨고 있을 때에도, 학원에서 강의도 하고 승합차를 모는 기사 노릇까지 하며 힘들어 죽겠다며 투덜거릴 때에도 어머니는 한결같은 모습으로 따뜻한 밥상을 내오며 이렇게 말했다.

"아직 젊은데 무슨 걱정이니? 몸만 건강하면 어떤 일을 해도 다 잘될 때가 온단다. 끼니 거르지 말고 밥 잘 챙겨 먹어라."

누군가를 변함없이 믿는다는 것, 그 믿음을 저버릴지라도 그래도 여전히 믿는다는 것, 이 세상에서 그런 믿음을 가질 수 있는 유일한 존재는 어머니밖에 없지 않을까?

관계는 세월이 흐른다고 그냥 만들어지지 않는다

부모라는 존재가 자식에게 기대와 욕심을 가지는 건 어쩔 수 없나 보다. 이것도 잘했으면 좋겠고, 저건 고쳤으면 좋겠고, 남들보다 뛰어나기를 바라고, 실패와 실수 때문에 쓰라림을 겪지 않았으면 한다. 그런 욕심과 기대가 높아지면 높아질수록 부모의 마음은 조급해지고 불만 사항도 저절로 많아지게 된다. 그래서 못마땅한 점들이 보일 때마다 잔소리를 하게 되고, 기대에 못 미치면 화를 내기도 한다. 나도 이 일을 하기 전까진 그랬다. 아이가 눈에 거슬리는 행동을 할 때마다 그냥 넘어가지 않고 꼭 지적하였다. 그게 아이를 위한 것이라고 믿었다. 그런데 나의 의도와는 달리 아이는 쉽게 잘못된 행동을 고치지 않았다.

딸아이가 유치원에 다녀온 어느 날이었다. 동화책을 보고 나서 책장에 꽂아 두지 않자 잔소리를 했다. 내 잔소리에 급격히 시무룩해진 아이가 내 얼굴을 빤히 쳐다보며 이렇게 말했다.

"아빠는 내가 미워?"

나는 깜짝 놀랐다.

"무슨 소리야. 아빠가 서영이를 얼마나 사랑하는데."

"그런데 왜 내가 뭐 할 때마다 뭐라고 그래?"

나는 아이가 내 의도를 오해하는 거라고 생각하여 아이의 잘못을 지적하는 이유를 열심히 설명했다. 그걸 말해 주면 아이가 이해해 줄 거라 생각했다. 그런데 나중에 아동심리학을 공부하면서 그때 내가 얼마나 어리석은 짓을 했는지 깨달았다. 내가 아이의 잘못을 지적한 것은 실은 아이가 아니라 나를 위한 거였다. 너 때문에 내가 못마땅하고 기분이 안 좋으니 그걸 알고 이해해 달라고 하는 것밖에 안 되었다. 정말 아이가 잘못된 행동을 고치길 원한다면 부모인 내가 행동으로 먼저 보여 줘야 했다. 그런데 나는 행동이 아닌 지적질만 일삼았다. 그리고 잦은 지적질은 아이의 반감을 불러일으켰다.

부모의 눈에 아이의 행동들은 대부분 미숙하고 불만족스러울 수밖에 없다. 그런데 그런 모습들이 보일 때마다 지적을 해 대면 아이는 자신의 행동을 돌아보기 전에 부모가 자신을 미워한다고 생각하기 쉽다. 잦은 지적은 부모의 지나친 우려와 조급증에서 비롯된다. 지금 당장 그건 고쳐야 하고 이렇게 해야 한다는 조급한 생각이 지적질과 잔소리로 이어진 것이다. 하지만 아이의 잘못된 행동 중에는 자라면서 스스로 고치는 것도 있고, 다른 아이들과 어울리며 자연스레 교정되는 부분도 있다. 만약 지적을 하고 싶다면 부모가 생각하기에 정말 중요하다고 생각하는 것만 해야 한다. 그래야 아이도 그것이 정말 중요하다는 걸 느끼게 될 것이다. 이것저것 다 지적하다 보면 효과도 없을 뿐만 아니라 아이에게 자신의 존재를 부정당하는 기분만 들게 할 뿐이다.

이게 다 맞는 말이지만 아이가 내 앞에서 못마땅한 행동을 할 때면 그냥 넘어가는 게 쉽지 않다. 나 역시 그렇다. 하지만 그때마다 나는 내 부모님을 떠올린다. 아무리 내가 귀한 자식이라도 분명 부모님 눈에 못마땅하고 부족한 점이 많았을 것이다. 그래도 부모님은 나처럼 '너 때문에 내 심기가 불편해졌어. 그러니 그런 행동은 하면 안 돼'라는 생각을 드러내지 않았다. 내가 나쁜 짓을 하거나 예의에 어긋나는 행동을 하지 않는 한, 내 허물을 못 본 척, 모르는 척 넘겼다. 그리고 내가 하는 말과 나의 모든 것을 그냥 다 믿어 주었다. 내가 거짓말을 하고, 얄팍한 핑계를 대도 내 말의 진의를 따지려 들지 않고 있는 그대로 그냥 다 믿어 주었다. 돈을 타 내기 위해 보충수업 문제집을 사야 한다는 거짓말을 해도, 친구와 놀러 가기 위해 독서실에 간다는 핑계를 대도 따져 묻지 않고 확인하려 들지 않았다. 그런 거짓말로 부모님을 속여서 내 뜻을 이룰 때마다 나는 속으로 '앗싸!'하며 쾌재를 불렀다. 그러면서도 마음 한 구석엔 부모님을 속인 것에 대한 미안함이 늘 있었다.

나는 사람과의 관계에서 가장 중요한 감정은 '고마움'과 '미안함'이라고 생각한다. 어떤 사람에게 고마움이나 미안한 감정이 있다면 그 사람과 좋은 관계를 유지할 수 있다고 본다. 이건 부모와 자식 관계에서도 마찬가지다. 날 낳고 키워 주었다는 사실만으로 부모에게 무조건 고마워할 자식은 없을 것이다. 중요한 건 부모가 자식을 키우는 과정에서 서로 어떤 감정을 갖느냐 하는 거다. 여기서 부모를 향한 자식의 감정이 매우 중요한데, 그 감정은 자식이 자라면서 여러 차례 변화를 거친다. '자식을 낳아 봐야 부모 마음을 이해할 수 있다'라는 말처럼 어른이 되어서 자신의 부모를 바라보는 감정과 생각은 어렸을 때와 많이 다르다. 철이 없었을 때 부모에게 가졌던 밉고 원망스러운 감정들이 나중에는 이해와 용서와 연민의 감정으로 변하기도 한다.

나 역시 부모가 되고 나서야 그 고마움을 뼈저리게 깨달았다. 그때는 이해하지 못했지만 이제는 아버지가 회초리를 든 이유를 알 것 같고, 당시엔 대수롭게 여기지 않았지만 어머니가 눈물 바람으로 내 손을 잡았던 그 마음을 알 것 같다. 그래서인지 부모님을 떠올렸을 때 나는 고마움과 미안함 감정을 함께 느끼게 된다. 한결같은 믿음과 지지로 나를 떠받쳐 준 부모님의 사랑에 고맙고, 그 사랑에 제대로 보답하지 못한 것에 대한 미안한 마음이 항상 있다.

하지만 요즘 아이들을 보면 저들이 나중에 어른이 되었을 때 자신의 부모에게 어떤 감정을 갖게 될지 궁금하고 걱정된다. 과연 저 아이들이 서른이 되고 마흔이 되어 자신의 부모님을 떠올렸을 때 어떤 마음을 느끼게 될까? 아마 지금의 부모 세대가 자신의 부모를 생각하는 마음과는 조금 다를 거라고 본다. 왜냐면 부모가 자식을 사랑하는 마음은 예나 지금이나 같지만 자식을 대하는 방식은 매우 달라졌기 때문이다.

예전의 부모들은 자식을 '그냥' 키웠다. 나무를 키우는 것처럼 때가 되면 적당히 가지치기를 하고 병충을 잡아 주고 물을 주었다. 그렇게만 해도 얼마나 높이 자랄지는 확신하지 못했지만 저절로 잘 자랄 수 있었다. 하지만 요즘 부모들은 어떤가. 자식을 키우기보단 관리하려고 한다. 알아서 잘 자랄 수 있게 하는 게 아니라 어떤 목적을 갖고 그걸 이루기 위해 끊임없이 관리하고 있다. 그래서 그들이 키우는 나무는 키우는 사람이 원하는 속도로 자라나야만 한다. 장마철이건 추운 겨울이건 그건 상관없다. 만약 날씨가 추워서 나무의 성장 속도가 늦어지는 낌새가 보이면 그 즉시 비료를 붓고 영양제를 넣어 주는 등 온갖 조치를 취한다. 그래도 효과가 없으면 잘 자라지 않는 가지를 아예 잘라 버리거나 나무뿌리를 잡아 뽑아내는 일도 서슴지 않는다. 이게 바로 요즘 부모들이 자식을 키우는, 아니 관리하는 모습이다.

오늘날 부모들은 믿음과 지지로 자식을 대하기보다 자신의 목적에 맞는 효과적인 방법을 제공하는 관리자의 모습으로 자녀를 대하고 있다. 남들보다 더 나은 사람이 되길 바라는 마음에서 아이의 부족한 점, 고쳐야 할 점들을 낱낱이 분석해서 그것을 채우고 바꾸기를 반복한다. 한마디로 그들은 최대한 많은 장점을 가진 아이로 만들기 위해 노력하는 관리형 부모들이다. 같은 부모로서 그들의 마음은 충분히 이해되지만 내가 걱정되는 건 그들의 아이들이다.

자신을 관리하려 드는 부모를 향한 아이들의 냉소적인 눈빛을 발견할 때면 가슴 한구석이 서늘해진다. 잘한 것보다 부족한 것을, 장점보다 약점을 콕콕 집어 가며 더욱더 잘하기를 요구하는 부모한테 아이는 어떤 감정을 느낄까? '나의 부족한 점을 채우기 위해 내 부모가 저렇게 노력하구나'라고 생각할까, 아니면 '내 부모는 나를 몹시 싫어하고 못마땅하게 생각하구나'라고 느낄까? 만약 아이가 후자의 감정을 느끼고 있다면 나중에 어른이 되었을 때도 자신의 부모가 한 행동들을 이해하고 그에 대한 고마움을 느끼지 못할 것이다. 그렇게 되면 세월이 흘러 저 아이와 부모는 과연 어떤 관계로 남게 될까?

'부모와의 관계'에 대한 10대들의 시계

10대들의 닫힌 입을 열게 하려면 인내와 센스가 필요해

정호를 처음 봤을 때 뭔가 불안하고 위태롭다는 느낌이 강하게 들었다. 대놓고 반항하는 것도 아니고, 티가 나게 싸가지 없는 것도 아니라서 겉으로 보기엔 얌전해 보이지만 속에는 뭔가 핵폭탄 같은 게 들어 있는 것 같았다. 수류탄의 안전핀을 쥐고 있는 이등병처럼 건드리기만 하면 가슴속에 꾹꾹 억누르고 있는 폭탄이 터져 버릴 것 같은 위기감이 느껴졌다.

그래서 처음엔 정호를 받는 게 꺼려졌다. 내가 감당하기 힘든 아이라는 강한 예감이 들었기 때문이다. 하지만 친한 지인의 소개로 찾아온 아이라 확실한 이유 없이 거절할 수가 없었다. 마땅한 이유를 찾지 못해 어쩔 수 없이 상담을 진행할 수밖에 없었다. 그러면서 어차피 몇 달 못 갈 테니 조금만 견디자는 생각을 했다. 그런데 예상과는 달리 반년이 지나도 정호는 그만두지 않고 꼬박꼬박 나를 찾아왔다. 물론 여기엔 정호와 나만의 특별한 비밀이 있다. 사실 나는 처음부터 다른 아이들과는 전혀 다른, 오직 정호에게만 맞는 맞춤식 상담을 진행해 왔다.

보통 첫 상담을 할 때는 학부모보다 학생과 이런저런 대화를 많이 한다. 학생에 대해 많이 알기 위해선 학부모보다 학생의 입에서 나오는 정보가 더 중요하기 때문이다. 정호와의 첫 상담이 있던 날에도 내 딴에는 정호의 말을 듣기 위해 준비를 잔뜩 했다. 그런데 내가 입을 떼기도 전에 정호가 불쑥 이렇게 말하지 않는가.

"저 지금 영화 보고 싶으니 쌤도 하고 싶은 일 하세요."

"뭐?"

나는 너무 어이가 없어 할 말을 잃어버렸다. 멍하니 정호 얼굴만 바라보고 있는데, 정호는 나의 반응 따위는 상관없다는 듯 스마트폰으로 영화를 보기 시작했다. 태어나서 이렇게 대놓고 무시당하는 건 처음이라 너무 당황한 나머지 어떻게 해야 할지 도무지 갈피가 안 잡혔다. 중학교 3학년짜리 아이한테, 그것도 길거리에서 마주친 것도 아니고 내가 맡게 될 아이한테 이런 수모를 당하다니….
속에서 불길이 치밀어 올랐지만 왠지 그걸 터트리는 게 망설여졌
다. 그렇다고 "그래, 영화 재밌게 보셈"이라 할 수도 없고, 정색하
고 화를 내기엔 뭔가 타이밍을 놓친 것 같았다. 하는 수 없이 나는
상담 시간 내내 키득대면서 영화에만 집중하는 정호를 지켜볼 수
밖에 없었다.

그다음 상담 때도 같은 상황이 이어졌다. 이번에는 아예 내 앞
자리엔 앉지도 않고 스터디용 테이블에 앉아 스마트폰으로 웹툰
을 보기 시작했다. 내게 화낼 시간을 조금이라도 허락하지 않겠다
는 듯 내 쪽은 쳐다보지도 않았다. 그걸 보는 내 마음이 어떻겠는
가. 당장이라도 정호 부모님에게 전화를 걸어 천하에 싸가지 없는
이 녀석의 행동을 낱낱이 일러바치고 싶었다. 하지만 목구멍이 포
도청인데다 지인의 입장까지 달려 있어 내 감정대로 할 수 없었다.
더구나 겨우 두 번의 상담으로 화를 낼 수 없었다. 아무리 열이 받
고 복장이 터지더라도 적어도 한 달 정도는 지내봐야 뭐라고 말할
자격이 생기는 법이다. 그런데 이건 뭔가 변명을 하기 위한 것들이
고, 실은 그러다가 괜히 재수 없게 이 녀석이 수류탄을 터트리면
어떡하지 하는 두려움이 컸다. 아마도 정호가 내뿜은 그 이상한 기
운에 내가 주눅이 든 모양이었다. 난 또 어쩔 수 없이 한 달만 참자
는 생각으로 종이에 '참을 인(忍)'자를 계속 써 내려갔다.

그다음에도, 또 그다음에도 정호의 태도는 변함없었다. 그런데 이상하게도 정호의 그런 태도에 익숙해지면서 분노의 농도가 점점 옅어져 갔다. '재는 원래 저런 아이'라는 체념도 한몫하긴 했지만 정호를 대하면 대할수록 측은함과 연민 같은 게 계속 느껴졌다. 대체 저 아이는 어쩌다 저렇게 되었을까 하는 궁금증도 들었다.

정호는 내가 컨설팅을 하는 아이들 중에서 외적으로 가장 좋은 조건을 가진 아이다. 부모도 좋은 대학을 나온 고학력자이고, 경제적으로도 상류층에 속할 정도로 부유한 집이었다. 아버지는 투자자문회사의 임원이었고, 어머니는 취미로 그림을 그리면서 가끔씩 전시회를 열 정도로 수준 높은 교양을 가진 여성이었다. 이것만으로도 부족할 게 하나 없는 완벽한 집안처럼 보였다. 그런데 뭐가 불만이기에 저렇게 살벌한 분위기를 풍기며 나를 괴롭히는 것일까. 그래서 하루는 웹툰을 보고 있는 정호에게 물었다.

"너 일진이냐?"

내 질문이 생뚱맞게 들렸는지 정호는 나를 힐끔 쳐다보았다. 그러더니 다시 웹툰으로 시선을 돌리며 무덤덤한 목소리로 대답했다.

"그딴 걸 왜 해요."

좀 쪽팔리지만 나도 모르게 안도의 한숨을 쉬었다. 사실 요즘 내가 제일 무서워하는 게 첫 번째가 우리 딸이고, 두 번째가 중학교 일진 아이들이다. 우리의 대화는 거기서 멈췄다.

그다음 상담 때는 왜 여기에 오는지를 물어봤다. 그때도 정호는 아주 짧고, 간결하고, 무덤덤하게 대답했다.

"엄마가 가라니까요."

이런 식으로 우리는 만날 때마다 짧은 대화를 한두 마디씩 나눴다. 그러다 어느 순간부터 나와 정호는 각자 할 일을 하면서 상담 시간을 보내는 것에 익숙해졌다. 물론 그런 식으로 시간을 보내는 게 몹시 불편했다. 상담료를 날로 먹는 것 같아 미안하기도 하고, 아무런 실적도 내지 못하면 어떡하지 하는 부담감도 있었다. 하지만 내 입장 때문에 정호를 재촉할 수는 없었다. 뭐 그런다고 해서 내 말을 들을 아이도 아니겠지만. 왠지 지금은 정호가 스스로 입을 열 때까지 기다리는 게 최선이라는 생각이 들었다. 이런 내 마음이 정호에게 통했는지 시간이 지날수록 우리가 나누는 대화가 조금씩 늘어났다. 나중에는 단답형에서 중답형 정도까지 발전해서 자신이 보고 있는 영화의 내용을 나에게 친히 설명해 주기도 했었다.

그런데 몇 달이 지나서 갑자기 정호에게 문자가 왔다. 처음 있는 일이었다.

잠시 후 사무실에 나타난 정호는 늘 그렇듯 스터디용 테이블에 앉아서 영화를 봤다. 어쩐 일이냐고 형식적인 질문을 던졌지만 정호는 대답하지 않았다. 뭐 나도 궁금해서 그런 건 아니고 묘한 반가움으로 건넨 말이었다. 그렇게 두어 시간이 흘렀을까. 혼자 놀던 정호가 갑자기 "밥 사 주세요"라는 말을 던졌고, 나는 대답 대신 중국집으로 전화를 걸었다. 그때를 시작으로 정호는 툭하면 아무 때나 사무실로 찾아와 시간을 보내다가 갔다. 사람과의 관계는 함께 보낸 시간의 양에 비례한다는 말처럼 정호와 나 사이에도 미묘한 친밀감이 싹트기 시작했다.

그러던 어느 날, 여느 때처럼 영화를 보던 정호가 갑자기 일어나서 상담실 벽에 걸린 팸플릿과 사진들을 어슬렁거리며 구경하기 시작했다. 그러더니 나에게 불쑥 이렇게 말했다.

"근데 쌤, 우리 뭐라도 해야 하는 거 아녜요?"

내가 그토록 듣고 싶었던 말이 드디어 정호의 입에서 튀어나왔다. 역사적인 날이었다. 나는 만세 삼창이라도 부르고 싶었지만 그 기쁨을 꾹 누르고 일부러 무덤덤하게 말했다.

"그러게. 계속 이러면 사실 나도 곤란한데…. 뭘 할까?"

그날 우리는 만난 지 몇 달이 지나서야 처음으로 상담이라는 걸 했다. 그렇다고 다른 아이들 같은 스탠더드는 아니고, 내가 물으면 정호가 시큰둥하게나마 대답하는 수준이었다. 그래도 이게 어딘가. 한없이 까칠하고 도도한 여자의 마음을 얻은 것처럼 정호가 내게 마음의 문을 열어 준 것 같아 눈물이 나올 정도로 기쁘고 감격스러웠다. 둘 사이에 대화라고 할 수 있는 형태가 갖춰지자 정호는 비로소 내 얼굴을 들여다보고 눈을 맞추기 시작했다. 가끔은 내 썰렁한 농담에 썩소지만 은근 반응해 주었고, 많지는 않지만 자신의 이야기들을 조금씩 풀어놓기 시작했다. 그렇게 우리는 조금씩 친해지는 것 같았다. 그러면서 정호한테서 풍겨져 나왔던 위태로운 아우라도 조금씩 옅어져 가는 것 같았다.

그런데 얼마 지나지 않아 거대한 사건이 벌어졌다. 어느 토요일 밤 11시가 넘은 시각, 정호 어머니가 다급한 목소리로 나에게 전화를 했다. 아침에 집을 나선 정호가 아무 말 없이 집에 들어오지 않고 있다는 것. 친구들에게 모두 연락해 보고 주변의 PC방과 공원도 샅샅이 찾아봤지만 정호가 보이지 않는다는 것이다. 경찰에 신고해야 할지 어떻게 해야 할지 어쩔 줄 몰라 하는 어머니는 거의 패닉 상태였다.

나는 우선 조금만 더 기다려 보시라고 정호 어머니를 진정시킨 후 정호에게 전화를 걸었다. 그러나 신호음만 들릴 뿐 정호의 목소리는 들을 수 없었다. 나는 문자를 보냈다.

그런데 이내 답장이 왔다. 다행이라는 생각으로 문자를 본 순간 다시 가슴이 철렁 내려앉았다.

무언가 정호의 손에서 수류탄의 안전핀을 뽑아 버리게 한 일이 일어난 듯했다. 일단 안전에는 문제가 없다는 걸 확인했으니 안심이다. 나는 다시 문자를 보냈다. 이 상황에서 설득이나 대화 같은 건 아무 쓸모가 없다는 걸 알았기에 걱정이나 떨림이 대번 드러나는 목소리보다 효과적이라 생각했다.

> 에바: '그건 좀 아니다' '오버다'라는 의미
> ㅅㄱ: '수고'를 자음만으로 나타낸 은어

　그 문자를 끝으로 나는 잠들었고, 정호는 그렇게 이틀을 밖에서 보내다가 결국 휴대폰 위치 추적으로 아버지에게 한 PC방에서 붙잡혀 집으로 끌려 들어갔다고 한다.

　일주일 후, 상담실에서 만난 정호의 모습은 나와 처음 만났을 때처럼 위태로워 보였다. 정호 어머니에게는 이미 전화로 이야기를 들어 그동안의 정황은 대강 알고 있었다. 시험 기간인데도 학원 숙제도 하지 않고 휴대폰만 붙잡고 있는 정호에게 단단히 화가 난 엄마가 정호가 기르고 있던 이구아나 두 마리를 갖다 버렸고, 이에 발끈한 정호가 교과서와 문제집을 다 찢어 버리고 집을 뛰쳐나갔다는 것이다.

　정호가 집을 나갔을 때에도 정호 어머니에게 "아이가 화가 나서 일부러 작정하고 나간 거니 집에 들어오더라도 다그치거나 혼내지 말고 일단 그냥 두시라"고 이야기했지만 아쉽게도 정호 어머니는 그러지를 못했나 보다.

　일주일 사이에 정호는 뭔가 많이 달라져 있었다. 위태로운 아우라가 그전보다 더 짙게 풍겼고, 무심함 밑에 숨겨져 있던 날카로움이 날을 잔뜩 세우고 밖으로 드러나 있었다. 엄마가 풀어 주었어야 할 정호의 분노는 여전히 풀리지 않은 채 점점 커지고만 있었다. 하지만 그건 내가 아무리 위로를 해 주어도 해결할 수 없는 것이기에 평소처럼 자연스럽게 대하려고 했다.

"너 생각보다 일찍 집에 들어갔더라? 꼴랑 이틀 밤 안 들어간 거 갖고 가출이라고 하긴 뭐한데…. 돈이 없었나 보지?"

정호는 아무 대답도 하지 않았다. 내 얼굴을 보지도 않고 고개만 푹 숙이고 있는 정호를 보니 마음이 착잡했다. 우리 사이엔 침묵만이 흘렀다. 어쩔 수 없이 나는 정공법을 택했다.

"엄마 때문이야?"

"…."

"그래도 너 없어졌다고 그날 너희 엄마가 울고불고 난리도 아니었어. 얼마나 걱정하시던지…."

바로 그때였다. 순식간에 정호의 눈동자에서 날이 서더니 입 밖으로 욕이 튀어나왔다.

"그 씨발 년…."

정호의 입에서 나온 그 욕이 내 가슴에 쿡 꽂혔다. 나를 향한 게 아니라는 걸 알지만 얼굴이 저절로 굳어지는 건 어쩔 수 없었다. 사실 요즘 중학생 아이들은 욕을 정말 많이 한다. 욕이 안 들어가면 말이 안 되는지 기분이 좋을 때나 나쁠 때나 시도 때도 없이 장소를 가리지 않고 쓴다. 그런 아이들과 지내다 보니 나도 아이들이 쓰는 욕에는 면역이 되어 별로 놀랍지 않다. 그래도 당황스러울 때가 있는데, 바로 자신의 부모를 욕하는 경우다. 아마 부모들은 아이가 자신을 두고 욕을 할 거라는 생각은 전혀 못할 것이다. 이런 내용이 좀 거북할 수는 있겠지만 이것도 엄연한 현실이니 피하거나 감추지 않겠다. 요즘 아이들 중에는 자신의 부모를 향해 '개 새끼' '씨발 년'이란 욕을 서슴지 않고 하는 아이들이 많다. 그렇다고 그들이 특별히 불량스럽다거나 문제아들은 아니다. 공부도 썩 잘하고 그냥 평범해 보이는 아이들조차 친구들과의 은밀한 공간에서는 자신의 부모에게 그런 욕을 일삼는다.

하지만 친구들끼리 있는 것도 아니고 '쌤'이라고 부르는 내 앞에서 눈에 핏발을 세우면서 부모에게 욕을 할 줄은 몰랐다. 많이 당황스러웠지만 여기서 흥분해서는 절대 안 되었기에 일단 숨부터 고르면서 마음을 안정시켰다. 혹시라도 "야, 이 자식아! 아무리 화가 나도 그렇지 어떻게 널 낳고 키워 준 부모한테 그런 욕을 할 수 있냐? 그게 사람이야?" 뭐 이런 톤의 교육적인 언사를 늘어놓는 순간, 나와 정호 사이에 그나마 있던 정서적 끈이 끊어져 버릴 것이다. 그러면 겨우 자신의 속마음을 털어놓으려 마음먹었던 정호가 입을 꾹 다물지도 모른다. 동시에 나는 더 이상 상대할 필요가 없는 꼰대가 되어 버릴 것이다.

"오늘은 좀 센데? 살살 하자."

"걱정은 무슨! X까는 소리 하지 말라고 그래요."

"인마, 자식이 집을 나갔는데 걱정 안 하는 부모가 어딨냐? 당연히 걱정되지. 안 그래?"

"걱정이 되어서가 아니라 맘대로 퍼붓지 못하니 분해서 펄펄 뛰었을 걸요?"

"정호야, 나도 얘기 들었어. 진짜 네가 화나서 뛰쳐나갈 만했겠더라. 엄마도 그땐 화가 나서 그랬겠지만 그래도 부모 마음이라는 게 그렇지가 않아. 말은 그렇게 해도 다 널 사랑하니까 그러는 거지. 하나밖에 없는 자식새끼인데 얼마나 벌벌 떨었겠어? 혹시 자기 때문에 잘못될까봐 정말 많이 걱정하셨다고."

정호는 냉소적인 미소를 지으며 '흥' 하고 콧방귀를 꼈다. 그 차가운 미소에 나는 또 멈칫했다.

"쌤이 그 년에 대해 알아요? 모르잖아요. 아무것도 모르면서 아는 척하지 마요."

서늘한 눈으로 나를 노려보는 정호를 보면서 지금까지 정호를 위태롭게 했던 분노의 실체가 뭔지 조금은 알 것 같았다. 대체 정호와 부모 사이에 무슨 일이 있었기에 저리도 독한 분노를 내뿜는 것일까?

"사랑한다면서 왜 맨날 구박한대요? 내가 무슨 말만 하면 화내고, 뭐 좀 하려고 하면 쓸데없는 짓이라고 욕하고. 무조건 지가 원하는 대로 해야 하고, 지 말은 다 맞고 나는 맨날 틀렸대. 부모면 그렇게 지 멋대로 해도 되는 거예요? 부모는 자식한테 그래도 되는 거냐고요!"

지금까지 정호와 지내면서 정호가 이렇게까지 말을 많이 한 적은 처음이다. 길어 봐야 두서너 말이 다였다. 그런데 이렇게 말을 길게 한다는 건 가슴속에 어떤 분노가 터져 나온다는 의미였다. 나는 정호의 분노에 어떻게 대응해야 할지 난감했다.

"부모는 자식을 사랑한다고 했죠? 그런데 아닌 부모도 분명 있어요. 그것들은 진심으로 날 싫어해요. 그냥 창피하고 싫대요. 나를 낳은 게 후회된대요. 그 년은 맨날 나 때문에 자기 인생이 엉망이 되었다 하고, 그 새끼는 늘 자기 친구 애들과 비교하면서 내가 공부 못하는 게 창피해서 얼굴을 똑바로 들고 다닐 수가 없대요. 특목고 못 가면 나가 죽으래요. 사랑하는데도 이런 말을 해요? 이거 또라이 아니에요?"

부모들 중에는 이런 말로 자식에게 상처를 주는 사람들이 있다. 자신이 만들어 놓은 이상적인 모습에 부합하지 못한다는 이유로, 자신의 기대에 못 미친다는 이유로 자식에게 독한 말을 마구 내던진다. 그 말의 화살들이 자식의 마음에 어떤 상처를 남길지는 전혀 고려하지 않은 채 말이다. 오히려 '사랑의 매'라고 자기 자신을 합리화하기도 한다.

관리자가 된 부모,
결과를 내야 인정받는 자녀

정호는 부모가 내뱉은 독한 말에 너무 많은 상처를 받은 것 같았다. 그 상처가 너무나도 깊고 단단하게 정호의 마음에 뿌리박힌 듯했다. 나는 단 한 번도 부모에게 저런 말을 들은 적이 없었기에 세상에서 가장 믿고 의지해야 할 부모한테서 저런 말을 들었을 때 어떤 기분일지 짐작할 수가 없었다.

"듣고 보니 부모님이 좀 심했네. 네가 많이 힘들었겠다…."

"지금까지 내가 원하는 건 한 번도 해 준 적이 없었어요. 무조건 안 된다고 해요. 내가 그렇게 부탁했는데 결국 달순이, 달봉이까지 갖다 버리고…."

달순이와 달봉이는 정호가 키우던 이구아나들의 이름이다. 그 이름을 말하는 정호의 눈가가 다시 붉어지면서 마침내 꾹꾹 참아 왔던 눈물이 터져 나왔다. 정호는 고개를 푹 숙인 채 한참 동안 울었다.

정호는 어렸을 때부터 동물을 무척 좋아했다고 한다. 남자아이치고는 얌전하고 여린 성격인 정호는 또래 남자아이들과 과격하게 노는 것보단 동물들과 노는 걸 더 좋아했다. 그래서 개나 고양이를 키우게 해 달라고 부모님께 부탁했지만 절대로 안 된다고 했다. 털

달린 동물을 집안에 들일 수 없다는 게 이유였다. 어쩔 수 없이 정호는 개나 고양이를 키우는 친구 집에 가서 잠시 함께 노는 것으로 아쉬움을 달래곤 했다.

그러다 중학교에 들어와서 동물 다큐멘터리를 즐겨 보다가 파충류의 매력에 쏙 빠져 버린 것이다. 파충류는 털도 없는 데다 짖지도 않으니 부모님이 허락해 줄 거라고 잔뜩 기대했다. 하지만 이번에도 역시 부모님의 대답은 '노(No)'였다. 한창 열심히 공부해야 할 때에 정신 사납게 왜 그런 이상한 걸 키우느냐는 것이 이유였다.

평소라면 부모님이 안 된다고 하면 그냥 포기했을 정호였다. 지금까지 부모님이 안 된다고 하는 건 순순히 포기해 왔고, 부모님이 워낙 완강한 데다 더 부탁해 봤자 결국 돌아오는 건 잔소리와 욕밖에 없으니 자신의 뜻을 더 강요하지 않았다. 하지만 이번엔 그러고 싶지 않았다. 이번에는 뭔가 자신이 원하는 걸 꼭 가지고 말겠다는 오기 같은 게 발동했다. 그래서 정호는 반년 넘게 부모님에게 이구아나를 키우게 해 달라고 부탁했다. 결국 부모님은 성적을 몇 등까지 올리고, 평소 마음에 안 드는 행동이나 생활 습관들을 고치는 등 온갖 까다로운 조건을 내걸고 그걸 충족하면 사 주기로 약속했다. 정호는 자신이 원하는 걸 얻기 위해 열심히 공부했다. 그와 동시에 부모님 마음에 들게 하려고 무척이나 노력했다. 알고 보니 순순히 나를 찾아온 것도 파충류를 얻기 위해 일어난 부모님과의 약속 때문이었다.

그렇게 몇 개월 노력한 끝에 정호는 마침내 이구아나 두 마리를 얻게 되었다. 정호는 그때 처음으로 자신이 원하는 걸 가질 수 있어서 기뻤다고 한다. 정호 부모님의 경제력이면 자식이 원하는 걸 사줄 만도 한데, 정호는 지금까지 자신이 원하는 걸 가진 적이 한 번도 없었다고 말했다. 다른 아이들이 부러워할 만한 좋은 것들을 사주기는 했지만 그건 정호가 아니라 부모님 눈에 좋은 것들이었다. 물론 부모님은 자식에게 더 좋은 걸 사 주고 싶은 마음에서 그랬을 테다. 하지만 정호가 정말 바랐던 건 자신이 원하는 걸 가져 보는 거였다. 부모님이 아니라 자신이 진짜로 원하는 것 말이다. 그래서 이구아나를 샀을 때 그 자체로도 매우 좋았지만 자신이 원하는 걸 가졌다는 충만감에 무척이나 행복했다고 한다.

이구아나를 갖게 된 정호는 행여 부모님이나 집안에 피해를 줄까 봐 자기 방 청소는 물론 다른 것들도 더 잘하려고 애썼다. 하지만 정호의 그런 노력이 어머니의 눈에는 영 성에 차지 않았나 보다. 그러다 시험 기간에 공부하지 않고 빈둥거리는 모습을 보고 약속을 지키지 않았다는 이유로 이구아나를 쓰레기봉투에 넣어서 버려 버린 것이다. 이 사실을 알게 된 정호가 어떻겠는가. 정신이 아득해질 정도로 화가 난 정호는 왜 마음대로 갖다 버렸냐며 고래고래 소리를 쳤다. 그런데 정호 어머니는 태연하게 팔짱을 낀 채 이렇게 말했다고 한다.

"엄마가 분명 경고했지. 네가 약속을 안 지켜서 그런 거잖아. 뭘 잘했다고 큰소리야?"

그런 엄마의 목소리를 더 이상 듣고 있을 수 없었던 정호는 무언가에 홀린 듯 점퍼를 걸치고 슬리퍼만 신은 채 밖으로 나와 버렸다고 한다.

정호의 이야기를 다 듣고 나니 가슴이 답답해졌다. 대체 뭐가 그렇게 중요하기에 자식 마음에 그리 큰 상처를 주는지 이해할 수 없었다. 나도 내 자식이 늘 예쁘기만 한 건 아니다. 때론 마음에 안 들기도 하고 얄밉고 귀찮을 때도 있다. 부모라면 누구든 자기 자식에게 마음에 안 드는 부분이 있는 게 당연하다고 본다. 정호 부모님도 마찬가지로 그런 마음이 들었을 것이다.

하지만 마음에 안 드는 점이 있는 것과 그걸 함부로 공격하는 건 분명히 다른 문제다. 게다가 불만족스러운 점들이 너무 많다면, 그래서 사사건건 잔소리와 험한 말로 지적질을 해 댄다면 아무리 좋은 의도로 말한다고 해도 아이 입장에선 반감을 가질 수밖에 없다. 세상에 "넌 왜 그 따위밖에 못해? 바보야?"라는 말을 들으면서 '아, 우리 부모님은 나를 정말 사랑해서 나의 부족한 점을 하나하나 일깨워 주려고 이런 말을 하는 거구나'라고 생각할 자식이 어디 있겠는가. 부모의 그런 말과 태도는 언어폭력이나 다름없다. 부모가 그런 폭력을 하고 나서 나중에 "너를 정말 사랑해서 잘 되기를 바라는 마음에서 그랬단다"고 말한다고 과연 아이가 그 말을 믿을 것인가. 분명 그러기 어려울 것이다.

정호 부모님은 좀 심한 편이지만 사실 요즘 이런 부모들을 꽤 많이 봤다. 자식에 대한 기대치가 높고 그 기대치를 실현하기 위해 자식을 관리하려 드는 관리자형 부모들이 점점 늘어나는 것 같다. 왜 그러는지도 알겠고, 정말 자식을 위하려는 마음이라는 것도 충분히 이해한다. 하지만 관리자형 부모를 둔 아이들은 부모의 의도와는 달리 상태가 썩 좋지 않다. 분노와 불만에 차 있거나 무기력한 아이들이 대부분이다. 정호처럼 심한 우울증에 빠져 있는 아이들도 꽤 있다.

그런 아이들을 볼 때마다 가슴이 너무 아프다. 말을 달리게 하려면 채찍만으로는 안 된다. 채찍과 당근을 적절히 사용해야 한다. 하물며 사람이고 더군다나 자식이다. 아직도 부모의 애정 어린 칭찬과 믿음으로 가득 찬 격려가 절대적으로 필요한 사춘기 아이들이다. 하지만 많은 부모들은 아이를 따뜻한 시선으로 바라보기보단 빈틈을 노리는 독수리처럼 잘못된 점, 못마땅한 점을 찾기 위해 눈을 번뜩이고 있다. 그러다 허점이 보이면 그 즉시 마음에 안 드는 걸 갖고 냉정한 말과 짜증 섞인 목소리로 아이를 다그치고 몰아세

운다. 그때마다 아이의 마음에 생긴 상처는 점점 커지고 깊게 뿌리 박히게 된다. 이렇게 상처받은 아이들이 나중에 부모가 되었을 때 자신의 부모를 어떻게 생각할까? 자신의 어리석고 미숙한 점을 일깨워 준 부모에게 고마워할 것인가, 아니면 원망과 분노의 감정만 더 커져서 아예 관계를 단절시켜 버릴 것인가.

정호는 이 일로 너무 큰 상처를 입은 것 같았다. 혹시 돌아오지 못할 강을 건넌 건 아닐까 하는 불길한 생각마저 들었다. 과연 정호가 이 일을 잘 극복할 수 있을까? 뭔가 도와주어야 한다는 생각은 드는데 어디서부터 어떻게 일을 풀어 나가야 할지 막막하기만 했다. 머릿속이 너무 복잡하다.

'부모와의 관계'에 대한 부모의 시계

난제가 되어 버린 부모와 자녀의 대화

어쩌면 사람들 간에 오해가 생기는 것은 '동상이몽(同床異夢)' 때문인지 모른다. 같은 입장, 같은 상황에서도 서로 전혀 다른 해석을 하는 걸 보면 어찌 저리도 다를 수 있을까 신기할 정도다. 특히 부모와 아이 사이에서 양쪽 얘기를 다 들어야 하는 나로서는 서로가 전혀 다른 이야기를 하고 있다는 생각이 참 많이 든다. 한쪽이 선의로 한 행동을 상대 쪽에서는 악의로 받아들이고, 한쪽에서 무심코 던진 말을 다른 한쪽에선 심각하게 생각하고 혼자 오해의 둑을 쌓고 있는 걸 볼 때가 종종 있다.

이 오해의 둑을 허무는 가장 기본적이고 유일한 방법은 대화밖에 없다. 귀를 열고 서로의 말을 들어 보는 것. 상대의 생각과 마음을 있는 그대로 받아들이고 인정하는 것, 그리고 내가 잘못한 점은 고치기로 약속하는 것이다. 이 이상으로 더 좋은 방법은 없는 것 같다. 그래서 전문가들도 오해를 푸는 최고의 해결책은 마음을 터놓고 대화하는 것뿐이라고 강조한다. 하지만 어찌 된 일인지 이 최고의 해결책을 실생활에서 쓰는 사람을 별로 못 봤다. 아니, 모두 시도는 해 봤다고 한다. 하지만 효과는커녕 오히려 오해의 둑에다 감정의 골까지 더해졌다고 불만을 호소한다. 특히 부모와 자식의 경우, 이 방법은 교육서에나 나오는 이상적인 해결책에 불과하다고 말한다. 왜냐하면 그들 사이에는 대화 자체가 성립되지 않기 때문이다. 한쪽만 일방적으로 말하고, 다른 한쪽은 듣기만 하는 건 대화가 아니라 훈계다. 그런데 대부분 부모들은 훈계를 대화라고 착각하고 있다. 아마도 부모와 자식 간의 오해의 둑은 바로 여기에서부터 쌓이기 시작하는 것 같다.

정호의 마음이 쉽게 풀리지 않을 것 같아 걱정했는데, 내 예상대로 정호는 입을 꾹 다문 채 침묵시위를 벌이고 있었다. 잘못했다고 빌어도 시원찮을 판에 아이가 저렇게 나오니 부모는 적잖이 당황했을 것이다. 더구나 정호처럼 순순히 잘못을 빌어 왔던 아이가 저렇게 완강하게 버티면 부모로선 마냥 화만 내며 잘못을 추궁할 수도 없다. 정호 부모님은 어쩌면 정호가 저러는 게 이구아나를 버린 것 때문이 아니라 자신들이 모르는 더 큰 이유가 있을지도 모른다는 생각을 하는 것 같았다. 그래서 내게 그 이유를 알아내 달라고 부탁했다.

부모님의 우려대로 정호가 가출까지 감행할 정도로 마음이 상한 건 단순히 자신이 아끼는 것을 버려서 생긴 반항심 때문만은 아니었다. 그전부터 쌓여 왔던 부모님을 향한 반감과 원망이 이번 일로 터져 나온 것이었다. 그런데 정호의 이런 마음을 있는 그대로 정호 부모님에게 말하는 게 맞는지에 대해선 정확한 판단이 서지 않았다. 과연 내가 어떻게 해야 정호와 정호 부모님 모두에게 도움이 될지 고민하고 있던 찰나에 정호 어머니가 상담실로 찾아왔다.

정호 때문에 마음이 많이 상했는지 정호 어머니의 얼굴이 까칠해 보였다. 커피 한 잔을 내드리자 정호 어머니는 한숨부터 길게 내쉬었다.

"선생님, 정호 때문에 속상해 죽겠어요. 벌써 일주일째 말 한마디 하지 않고 밥도 안 먹고 있어요. 혹시 정호에게 뭐 들은 이야기 없나요? 대체 뭣 때문에 집까지 나갔는지 도저히 알 수가 없어요. 다시 이구아나를 사 준다고 했는데도 요지부동이에요."

이게 뭔 말인가. 이구아나를 다시 사 주겠다는데 뭐가 문제냐고 말하는 정호 어머니의 태도에 나는 당황스러웠다.

"정호랑 얘기를 좀 해 보니까 생각했던 것보다 이번 일로 마음을 많이 다친 모양이에요. 어머니도 아시겠지만 정호가 동물을 여간 좋아하는 게 아니잖아요. 어렸을 때부터 동물을 키우고 싶었는데 부모님이 반대하셔서 못 키웠다고 하더군요. 그러다 드디어 자기가 좋아하는 동물을 키우게 되어 기뻐하고 있었는데, 또 부모님 때문에 못 키우게 되어 화가 많이 난 것 같아요. 그래서 반감이 심해진 것 같고, 또…."

내가 말을 계속하려 하는데 갑자기 정호 어머니가 어이없다는 듯 코웃음을 치며 내 말 끝을 잘라먹었다.

"정말로 내가 그 징그러운 것들을 버려서 가출했다고 말해요? 그럼 내가 그렇게 하도록 만들지를 말든가. 지 잘못은 말 안 하던가요? 그걸 키우는 조건으로 약속해 놓은 건 하나도 안 지켰으면서. 방 정리를 깨끗하게 하는 거랑 학원 다녀오면 바로 숙제랑 복습하기로 약속해 놓고 제대로 지킨 적이 단 한 번도 없어요. 그랬으면 자기 잘못을 반성하고 그 대가를 조용히 받아들여야 하지 않나요? 물론 내가 그걸 버렸으니 기분도 안 좋고 화도 나겠죠. 근데 그깟 일로 마음이 상해 가출까지 했다는 게 말이 되나요? 전 도무지 이 상황이 이해가 안 되고 황당하네요. 정호 나이가 벌써 열여섯 살이에요. 근데 어쩜 이리도 생각도 없고 철도 없을까요?"

대체 정호 어머니는 고작 열여섯 살짜리 남자아이에게 뭐 얼마나 대단한 걸 기대하고 있는 걸까? 잘못을 인정하고, 반성하고, 대가를 받아들이라니…, 솔직히 이건 어른도 하기 힘든 일이다. 정호어머니는 이 일로 정호가 얼마나 마음에 상처를 입었는지는 조금도 이해하지 못하고 있었다. 아니, 정호의 마음을 이해하고 다독여줄 생각이 전혀 없어 보였다. 정호 어머니는 자신이 생각하는 기준에 어긋나는 것들을 쉽게 용납하지 못하는 성격 같았다. 지금 중요한 건 정호의 잘잘못을 가려 혼내는 게 아니라 상처받은 아이의 마음을 알아주고 치유해 주는 거다. 하지만 정호 어머니는 정호가 상처를 받았다는 사실 그 자체를 못마땅하게 생각하고 있었다. 이번일로 정호의 버르장머리를 확실히 고쳐 보겠다는 어떤 오기 같은게 엿보였다.

"뭐 애들이 다 그렇죠. 몸만 컸지 아직 어린아이들이잖아요. 사춘기라서 충동적이고 감정적인 면도 많고요. 어른이라면 합리적으로 생각할 수 있는 것도 아이들은 감정적으로 받아들이기 쉬워요. 그래서 자신이 잘못한 줄 알면서도 부모님이 그걸 이해해 주지 못하는 것에 오히려 서운해 하기도 합니다. 사실 어른들도 자신의 잘못을 인정하고 반성하는 게 쉽지 않잖아요? 어머님 말씀은 옳지만너무 엄격하게 다그치는 것보단 너그럽게 이해해 주고 다독여 주는 게 더 낫지 않을까요? 한창 민감한 시기인데 자꾸 몰아붙이게 되면 더 삐딱하게 나갈 수 있어요.”

“아니, 사춘기가 무슨 벼슬도 아니고…. 여기서 더 나가면 어떻게 감당하죠? 안 그래도 지금 남편이 아주 벼르고 있어요. 하나 있는 자식을 너무 오냐오냐 키워서 저렇게 버릇이 없다고요. 제가 너무 감싸 안고 키워서 저러는 거라고 저한테까지 뭐라고 해요. 사실 남편이 몇 번이고 이구아나를 갖다 버리라고 했어요. 저나 남편이나 동물을 별로 안 좋아하거든요. 그래도 앞으로 잘하겠다는 약속을 믿고 사 줬는데 계속 말을 안 들으니 제가 어쩌겠어요. 자식 하나 키우기 정말 힘드네요. 저는요, 오직 정호 하나 잘 키우기 위해서 제 커리어도 과감히 포기했어요. 제가 할 수 있는 선에서 정호한테는 최고로 좋은 것만 다 해 주려고 했어요. 혹시 버릇 나빠질까 엄하게 대하기도 했지만, 어느 부모가 자식이 잘못되는 걸 그냥 보고만 있겠어요? 남한테 안 좋은 소리 듣지 않도록 부모가 바로잡아 줘야죠. 그런데 고작 그런 일 때문에 서운하다고 가출이나 하고, 남편한테는 아이 하나 잘못 키워서 저런다는 소리나 듣고…. 사춘기라서 그런 거라고 참고 이해하려 해도 도무지 나아질 기미가 안 보이니 너무 속상해요.”

사랑을 준 사람은 있지만
받은 사람은 없어

정호 어머니의 이야기를 들으며 마음이 착잡해졌다. 정호를 사랑하는 어머니의 마음이 진심이라는 건 안다. 문제는 사랑하는 방식이다. 상대가 아닌 내가 원하는 방식으로 사랑을 주게 되면 그걸 받는 사람의 입장에선 사랑이 아니라고 느낄 수 있다. 아무리 '너'를 위해서라고 말해 봤자 정호 입장에선 '나'를 위해서가 아니라 부모 자신을 위한 거라고 받아들이면 그건 사랑이 아니라 강요다.

사랑에도 기술이 필요하다. 그래야 제대로 사랑할 수 있다. 특히 부모와 자식과 같은 특수한 관계에선 더욱 섬세한 사랑의 기술을 익혀야 한다. 하지만 대부분의 부모들은 자식들이 자신이 주는 사랑을 무조건 고마워하고 잘 따라 주길 바란다. 자신이 보기에 자식에게 좋은 거라고 생각하는 걸 그냥 밀어붙이는 것이다. 상황이 이렇다 보니 자식의 생각이나 감정을 배려하지 못하는 경우가 생길 수밖에 없다. 아이들은 부모의 노력을 사랑이 아닌 강요로 받아들이고, 부모는 다 너를 위해 노력했는데 왜 나의 노력을 고마워하지 않느냐고 한탄하게 된다. 그러면 자식은 이렇게 말할지도 모른다.

"나를 위해서 뭘 해 줬는데요? 그건 날 위해서가 아니라 엄마, 아빠를 위한 거잖아요."

내가 보기에 정호와 부모님은 이런 상황에 빠져 있는 것 같았다. 사랑을 준 사람은 있지만 받은 사람은 없는 이 안타까운 상황. 커다란 오해의 장벽 때문에 서로의 눈과 귀가 막혀 있는 비극이 벌어지고 있었다. 그런데 더 안타까운 건 이런 비극이 정호와 정호 부모님에게 지울 수 없는 상처를 계속 주고 있다는 거다.

정호 어머니는 아들과의 관계를 회복하기 위한 조언을 청하러 왔다기보다 자신의 답답함을 하소연하러 온 사람처럼 보였다. 정호 어머니의 목소리 톤이 차츰 높아지는 걸 의식하면서 나는 조심스레 말을 이어갔다.

"저도 부모가 되니까 자꾸 욕심이 생기더군요. 내 자식이니까 이것도 잘했으면 좋겠고 저것도 잘했으면 좋겠고, 또 저건 좀 고쳤으면 하고. 이러니 자꾸 요구 사항이 늘어나더라고요. 이것도 다 자식을 위하는 마음에서 생긴 거지만, 이게 좋은 쪽보단 나쁜 쪽으로 흘러갈 가능성이 높은 거 같아요. 칭찬보단 잔소리할 일들만 자꾸 생기고, 그러다 보면 아이와의 사이는 점점 멀어지고…. 아마 어머님 마음이 이런 게 아닐까 싶습니다. 그래서 부족한 면만 더욱 눈에 보여서 걱정하시는 것 같은데, 제가 보기에 정호는 장점이 아주 많은 아이에요. 그 나이 때 남자아이들 보면 정말 정신이 하나도 없을 정도로 나대고 어수선해요. 근데 정호는 차분하고 나름 생각도 깊고, 또 말할 때 보면 매우 논리적인 편이에요. 어머님이 보시기엔 마음에 안 드는 점들이 수두룩하겠지만, 좀 더 여유를 갖고 보면 정호의 장점이 보이실 거예요. 지금 정호한테는 자기 자신을 객관적으로 바라보고 생각할 시간이 필요해요."

"선생님이 정호를 좋게 봐 주는 게 고맙긴 하지만요, 전 잘 모르겠어요. 다른 사람들이 보는 것과 부모 눈으로 보는 게 다를 수 있겠죠. 아무래도 입장이 다르니까요. 그래도 선생님은 저처럼 절박하진 않잖아요. 그냥 내버려 두라고 하셨는데, 물론 저도 그러고 싶어요. 근데 시간이 얼마 없잖아요. 고등학교 진학이 코앞에 닥쳤는데 이구아나나 들여다보면서 놀고 있는 걸 보면 어떻게 가만히 두겠어요? 선생님 보시기엔 어떠세요? 지금 정호 성적 가지고 과고나 외고에 진학할 수 있을 것 같으세요?"

모든 길은 로마로 통한다는 서양 속담처럼 학부모들과의 모든 상담은 성적 문제로 끝나기 마련이다. 물론 부모님 입장에서는 아이의 성적 문제가 가장 중요할 것이다. 나에게 원하는 게 아이의 성적 향상이니 부모들이 이런 질문을 하는 걸 탓할 생각은 없다. 하지만 지금은 성적보다 아이의 마음을 먼저 이해하고 달래 줘야 한다. 정호의 마음이 완전히 뒤틀려 있는 상황에서 성적이나 진학 문제를 아무리 떠들어 봤자 정호 귀에 들어갈 리 없다. 오히려 반감만 키울 뿐이다. 이런 말을 정호 어머니에게 하고 싶었지만 입이 떨어지지 않았다. 정확히 말하면 이 말이 정호에게 도움이 될지 도무지 판단이 서지 않았다.

"솔직히 말해 지금 이 성적으론 힘들다고 봅니다. 하지만 정호가 마음을 다잡고 공부를 시작하면 성적 올리는 건 시간문제에요. 일단 지금은 성적보다 정호가 마음을 잡을 수 있도록 어머니가 먼저 대화를 시도하고 배려해 주는 게 중요합니다."

"선생님 말씀대로 마음잡고 공부하면 성적을 올릴 수 있겠죠. 문제는 그 마음을 언제 잡느냐는 거예요. 대화만 한다고 정호가 마음잡고 알아서 공부할까요? 제가 보기엔 안 그럴 것 같은데요. 지금까지 정호가 해 온 걸 보면 공부든 뭐든 알아서 하거나 지가 나서서 적극적으로 한 게 없었어요. 다른 아이들은 먼저 뭘 배우겠다거나 학원에 보내 달라고 조르기도 한다던데, 정호는 내가 시키지 않으면 아무것도 하지 않아요. 지금 그나마 이 성적이 나오는 건요, 제가 계속 관리를 해 왔기 때문이에요. 어렸을 때부터 피아노니 미술이니 제가 쫓아다니면서 시켰으니 망정이지 안 그랬으면 다른 아이들에 비해 한참 뒤떨어졌을 거예요. 선생님은 이게 자식에 대한 욕심이라고 하셨죠? 다른 사람들도 그래요. 자식에 대한 욕심을 버리라고. 그냥 내버려 두면 지가 알아서 다 하기 마련이라고. 저도 알아요. 근데 저도 남 일에는 그렇게 말할 수 있어요. 내 자식 일이 아니니까요. 하지만 내 자식 문제인데 손 놓고 가만히 있을 수 없잖아요. 그 말만 믿고 있다가 나중에도 알아서 공부 안 하면 그땐 어떻게 해요? 누가 정호 인생을 책임지나요? 선생님도 아시겠지만 요즘 특목고나 외고에 진학하지 못하면 좋은 대학 가기 힘들잖아요. 아직도 우리나라에선 적어도 스카이는 나와야 해요. 애 아빠나 저나 그 정도 대학을 나왔기 때문에 지금 그나마 밥 먹고 사는 거예요. 그런데 이렇게 중요한 시기에 그런 쓸데없는 일로 시간 낭비하고 감정 소모하는 게 너무 속상하고 기가 막혀요. 내 자식이지만 어쩌면 저렇게 한심하고 멍청한지 화가 난다니까요."

어떻게든 내 마음에 드는
아이로 만들 거야

사람은 자신이 옳다고 믿고 나서야 행동한다. 조금이라도 자신의 생각에 회의나 의심이 든다면 섣불리 행동하지 않는다. 그리고 자신의 생각과 비슷한 사람이 많을수록 자신에 대한 확신은 더욱 강해진다. 그 확신은 아무도 쉽게 깨트릴 수 없다. 하지만 누군가가 그것을 깨트리려고 들면 심하게 저항하고 반발한다. 그래서 누구도 그 확신을 깨트릴 엄두를 내지 못한다. 나 역시 그렇다. 지금 이 상황에서 정호 어머니의 확신에 대해 논할 필요도 없고, 그럴 수도 없다. 다만 정호를 코칭하는 사람으로서 부모의 확신을 따라야 할 정호가 걱정될 뿐이다. 이미 부모를 향한 마음의 문을 닫은 정호가 앞으로 어떻게 견뎌 나갈지 걱정이다. 또 한편으론 자신의 뜻을 따라 주지 않는 자식을 보며 속병을 앓아야 할 정호 부모님에 대한 안타까움도 느껴졌다.

"자식은 마음대로 되는 게 아니라고 하더니 정말 틀린 말이 아닌 거 같아요. 이런 말 하기 뭣하지만, 솔직히 정호는 남편이나 저를 별로 안 닮은 거 같아요. 남편은 굉장히 적극적이고 사교적이에요. 어렸을 때부터 확실한 목표를 갖고 혼자 힘으로 악착같이 공부해서 성공한 케이스거든요. 만약 시부모님이 우리 부부처럼 정호 아빠를 뒷바라지해 주었다면 지금보다 훨씬 더 잘되었을 거예요. 저 역시 그렇고요. 지금 제가 정호한테 하듯이 우리 엄마가 절 적극적으로 밀어줬다면 더 좋은 대학에 갈 수 있었을 거예요. 그럼 지금보다 더 성공한 삶을 살고 있겠죠. 다 이런 경험을 겪었기에 정호한테만은 다 해 주고 싶어요. 나중에 왜 그때 나한테 못 해 줬느냐고 원망 듣기 싫거든요. 그래서 형편이 어려울 때도 정호 교육비만은 아끼지 않았어요. 근데 이 녀석이 이런 제 맘을 잘 몰라 주는 것 같아요. 어렸을 때부터 너무 풍족하게 자라서 아쉬움을 몰라 그런 건지 정호는 우리가 해 주는 걸 별로 고맙게 생각하지 않는 것 같아요. 다른 아이들보다 훨씬 좋은 조건을 가졌는데도 경쟁에서 이기고 싶은 승부욕도 없어요. 뭐 하나라도 집중해서 끈기를 갖고 뭔가 하려고 하는 의지도 안 보이고, 악착같이 뭘 이뤄 보겠

    10대들의 시계는 엄마의 시계보다 느리다

다는 적극성도 안 보여요. 또 그렇다고 사교성이 좋은 것도 아니고. 공부 못하면 다른 거라도 똑 부러지게 잘하는 게 있으면 이렇게까지 걱정하진 않았을 텐데 그런 것도 안 보이고요. 이러니 제가 걱정을 안 하겠어요. 세상은 점점 살기 힘들어진다는데 저래 가지고는 성공은커녕 제 밥벌이라도 제대로 할 수 있을지 정말 걱정이에요. 적어도 우리보단 더 잘 살기를 바라는데, 지금 하는 걸 보면 힘들겠다는 생각밖에 안 들어요."

어쩌면 모든 불만은 불안에서 비롯된 것인지도 모른다. 자식의 미래가 불안하여 현재 자식의 모습을 있는 그대로 사랑하지 못하고 있다는 생각이 든다. 자식의 못마땅한 모습, 불만족스런 단점들을 그냥 내버려 두면 이것들이 자식의 앞날에 걸림돌이 될지도 모른다는 불안감이 부모들을 조급하게 만드는 게 아닐까? 나도 내 아이를 보면 저래 가지고는 안 되는데 하는 걱정을 할 때가 종종 있다. 그런 마음이 들면 나도 모르게 아이에게 잔소리를 하게 된다. 지금 당장 고쳐 주지 않으면 나중에 아이가 불이익을 받을 수도 있을지 모른다는 조급함에 심하게 다그칠 때도 있다. 그러다 문득 이게 정말 아이에게 도움이 되는 것인지 하는 의문이 든다. 나는 아이의 단점을 고쳐 주려고 했지만 아이는 내가 자신을 비난하는 것으로 받아들일 수도 있겠다는 생각이 들었다. 사실 내 마음이 불편하다는 것을, 너 때문에 내 기분이 안 좋다는 것을 아이에게 알려 주는 꼴밖에 안 된다. 이럴 때는 입을 다물고 내 어머니처럼 그냥 아이를 믿어 주는 게 최선이 아닐까. 경솔한 지적질 대신 아이 스스로 자신의 부족한 점을 채워 나가고 단점을 고쳐 나갈 수 있도록 묵묵히 바라봐 주는 게 부모가 할 수 있는 최선이라고 생각한다. 아이는 부모의 믿음만큼 큰다고 하지 않는가. 그러면 적어도 아이가 자신의 단점 때문에 부모에게서 비난받고 미움받는다는 기분은 들지 않을 것이다.

"그래서 정호 아빠는 정호가 특목고나 과학고에 진학하지 못하면 아예 외국으로 내보내려고 해요. 일반고에 보내 봤자 제대로 된 대학에 못 갈 게 뻔하니까 차라리 조기 유학을 보내는 게 낫다는 거죠. 지금까지는 그게 별로 내키지 않았는데, 이번에 보니까 어쩌면 그게 나을 수도 있겠다는 생각이 들어요. 공부 머리가 없어서 그런 건지 마음이 없어서 안 하는 건지 모르겠지만 정호가 마음잡고 공부할 것 같지 않아요. 이게 정호를 위해서도, 저희 부부를 위해서도 최선인 것 같아요. 사실 정호 때문에 집안에서 우리 체면이 말이 아니거든요. 정호 사촌 형들은 다 과고나 외고를 나와, 대학도 스카이나 카이스트에 들어갔어요. 별로 뒷바라지해 준 거 같지도 않은데 애들이 영특해서 그런지 다들 성공했죠. 그런 걸 보면 너무 속상해요. 우리 정호만 뒤처지고 있는 것 같아서…."

어라? 가만 있자, 지금 우린 자식과 부모의 관계에 대한 얘길 하고 있지 않았던가. 가출 사건의 해결책이 왜 조기 유학으로 귀결되는지 황당하기 짝이 없었다.

솔직히 말하면, 정호를 위해 외국으로 유학 보낸다는 말이 내 귀에는 마음에 안 드는 걸 안 보이는 곳으로 치워 버리고 싶다는 뜻으로 들렸다. 아무리 이러저러한 말을 갖다 붙여도 결국 정호가 내 마음에 안 들고, 내 기대에 못 미치는 부족한 자식이라는 뜻 아닌가. 정호 부모님은 자식을 있는 그대로 인정하고 보듬어 주기보다 더 나은 곳으로 보내는 게 정호를 위한 최선의 길이라고 믿는 모양이었다.

상처 난 관계를 치유하고 회복시키려는 게 아니라 자신이 바라는 모습으로 아이를 만들어 보겠다는 정호 어머니의 의지에 나는 더 이상 말을 이어 갈 수 없었다. 그런데 한편으로는 또 이런 생각이 들었다.

'어쩌면 외국으로 가는 게 정호에겐 더 나은 일이 아닐까?'

분명 정호를 향한 부모님의 압박은 더욱 심해질 것이다. 과연 정호가 그걸 견딜 수 있을까 하는 의문이 들었다. 더구나 가슴속에 쌓아두었던 분노의 둑이 한 번 터져 버렸으니 힘든 상황이 닥칠 때마다 다시 터지지 말란 법도 없다. 예전의 착하고 순한 정호의 모습은 아예 자취를 감추고 지금보다 더 안 좋은 모습으로 발전할 수도 있다. 이런 점에서 보면 부모 곁을 떠나 먼 곳으로 가는 것이 오히려 정호에게 더 좋은 일이 될 수 있다는 생각에 마음이 착잡해졌다.

이런 식으로 엇나간 그들의 관계가 십 년 후, 이십 년 후엔 어디로 도달하게 될까? 더군다나 확실한 목표와 희망을 가진 도전으로서의 유학이 아니라 여기에서 견디다 못해 도피하듯 떠나는 것이라면 공부에서도 실패할 확률이 높다. 서로에게서 도망치고 싶어 하는 부모와 자식의 대립 구도, 과연 그들은 훗날 서로의 얼굴을 마주 보면서 해피엔딩으로 관계를 마무리할 수 있을까?

서로의 시차 극복하기

자녀에 대한 부모의 기대는
대부분 환상에서 출발한다

세상의 모든 부모는 자신이 곧 엄마, 아빠가 될 거라는 사실을 알게 된 순간부터 꿈을 꾸기 시작한다. 자신이 원하는 가장 이상적인 인간, 자신이 되고 싶은 이상적인 인물을 상상하며 뱃속의 아이가 그런 사람이 될 거라고 기대한다. 조금 더 구체적으로 말하자면 이렇다.

이 아이는 일단 잘 생겼을 것이고(자신들의 외모는 전혀 고려하지 않고) 큰 키와 멋진 몸매를 가졌을 것이고(역시 자신들의 신체

조건은 무시하고), 공부를 아주 잘하고(이 또한 자신의 성적표는 까맣게 잊고), 성격도 좋고 인기도 많을 것이며(물론 자기 자신은 돌아보지 않고), 그래서 나에게 기쁨과 행복과 자랑스러움을 안겨 줄 거라는 환상 말이다.

이런 환상을 가지는 게 잘못된 건 아니다. 부모로서 뱃속의 아이에게 이런 기대와 희망을 품는 건 매우 자연스러운 일이다. 나의 경우를 보자면, 아내는 뱃속의 아이가 딸이라는 걸 안 다음 날부터 집안 곳곳에 전지현 사진을 붙여 놓았다. 아이가 전지현의 예쁜 얼굴을 닮아 주기를 바라는 마음에서 하는 일종의 태교였다. 하지만 온 집안의 벽지를 전지현 사진으로 도배한다 해도 결코 위대한 DNA 파워를 이길 수는 없었나 보다. 사실 우리 사이에서 전지현처럼 생긴 딸이 나오지 않는 건 너무나 당연한 일이니까. 그래서 세상에 나온 아이의 얼굴을 처음 보자마자 그런 기대가 산산이 부서지고 만다. 그렇다고 아이 얼굴이 내가 원하는 모습이 아니라고 울고불고할 수는 없는 일. 아이 얼굴이 이런 걸 누굴 탓하겠는가. 내 자식이니 나를 닮을 수밖에 없다는 걸 인정해야 한다.

이러한 현실을 깨닫게 된 부모들은 그때부터 아이한테서 자신들을 닮은 예쁜 모습을 찾기 시작한다. 그러면서 아이에게 가졌던 부푼 환상과 기대를 조금씩 버리게 된다. 아니, 버릴 수밖에 없다. 왜냐하면 아이 또한 자라면서 '나는 부모님이 원하는 그런 아이가 아니에요'라는 걸 온몸으로 보여 주기 때문이다. 그럴 때마다 부모들은 실망과 당혹감에 시달리면서 자신이 원했던 아이가 아니라는 걸 어쩔 수 없이 인정하게 된다.

하지만 초반에 가졌던 기대치가 워낙 높았기에 그러한 마음을 쉽게 내려놓지 못하는 게 또 부모다. 그래서 틈만 나면 아이에게서 자신이 원하는 모습을 발견하려고 한다. 그러다가 가끔 그런 모습이 보일 때면 가슴이 풍선처럼 부풀어 올라 하늘을 나는 것 같은 기분을 만끽하곤 한다.

아이를 키우면서 '혹시 내 아이가 천재가 아닐까'라는 기대를 가져 보지 않은 부모는 없을 것이다. 그 기대의 근거가 그리 대단한 것은 아니다. 한 번 숫자를 가르쳐 줬는데 아이가 자동차 번호판의 숫자를 척척 읽어 낸다거나 한 번 들은 단어나 이야기를 잊지 않고 읊어 대는 정도다. 다른 사람들 눈엔 대수롭지 않은 일이지만 부모의 눈엔 결코 예사로운 일이 아니다. 자신들이 모르던 아이의 대단한 재능을 발견한 것 같고, 이걸 살려 주기 위해 뭔가를 해야 할 것 같아 마음이 바빠진다. 나도 내 딸아이가 네 살 때 한 번 들은 노래의 멜로디를 흥얼거리는 걸 보고 혹시 내 딸이 모차르트 같은 천재 음악가가 되진 않을까 하는 착각을 하기도 했다. 하지만 '혹시'라는 기대는 대부분 '역시'라는 실망으로 끝나듯이 나의 착각은 거기까지였다. 그래도 부모들은 자신이 원했던 이상적인 아이의 모습에 미련을 못 버리고 끊임없이 '혹시'와 '역시'를 반복한다.

다시 한 번 말하지만 이게 잘못된 것은 아니다. 자기 자식에게 기대를 걸고 욕심을 가지는 건 부모로서 누릴 수 있는 당연한 권리이자 기쁨이다. 이런 기대감도 없이 무슨 재미로 아이를 키우겠는가. 그리고 이런 기대 심리가 아이에게 나쁜 것만도 아니다. 자신의 사소한 행동 하나하나에도 환호하는 부모의 모습을 보면서 아이는 자연스레 자신감을 갖게 된다. 뭘 해도 시큰둥하고 무관심한 부모보단 좀 호들갑스럽더라도 일일이 반응해 주는 부모가 아이의 발전을 위해서 백배 낫다.

문제는 그게 자신의 기대로 끝나는 게 아니라 기대치에 못 미친다고 아이에게 화를 낼 때다. 간혹 아이가 자신이 원하는 모습에 못 미친다는 것에 불만을 갖고 화를 내는 부모들이 있다. 그들은 아이에게 "너는 왜 이것밖에 못 하느냐"고 혼내고, "이것도 잘하고 저것도 잘해야 한다"고 강요하고 닦달한다.

자, 여기에서 한번 생각해 보자. 부모의 기대에 못 미치는 아이가 잘못된 것일까, 아니면 자신의 기대에 못 미친다고 화를 내는 부모가 잘못된 것일까? 단언컨대 부모의 잘못이다. 부모가 아이에게 갖고 있는 꿈과 희망과 기대는 아이의 의사와는 상관없이 자기들 멋대로, 일방적으로 만들어 놓은 것이다. 아이는 단 한 번도 부모가 자신에게 갖고 있는 기대치에 동의하거나 인정한 적이 없고,

그런 기대를 가져 달라고 말한 적도 없다. 그저 부모 말을 잘 듣는 게 착한 아이라는 생각으로 따랐을 뿐이다. 때문에 부모가 자신들 멋대로 만들어 놓은 환상에 아이가 맞지 않는다는 이유로 화를 내는 건 억지에 가깝다. 자식이 그 기대를 만족시켜 주면 고마운 일이지만 안 되어도 어쩔 수 없는 일이다. 아무리 내 자식이라 한들 아이는 나와는 다른 사람이기 때문이다.

그런데 많은 부모들은 나와 자식이 다른 사람이란 걸 인정하지 않는다. 분명 머리로는 알고 있다. 아무리 어리지만 각자 생각이 다르고 감정이 다르다는 걸 머리로는 인정한다. 하지만 그들의 무의식에는 내 자식이니까 내가 원하는 대로 할 수 있다는 생각이 존재하고 있다.

사실 아이가 어리면 어릴수록 부모의 통제력은 막강한 힘을 발휘한다. 울다가도 젖을 먹이면 울음을 그치고 안아 주면 좋아하고 혼내면 무서워하니, 부모는 마치 자신이 신이 된 것 같은 착각에 빠질 수 있다. 아이에 대한 통제력은 책임감과 애정의 근원이 되기도 하지만, 동시에 자신과 아이를 동일시하는 착각의 근원이 되기도 한다. 그래서 부모들은 아이가 자신의 기대를 만족시켜 줘야 하며, 그러기 위해 아이가 열심히 노력하는 것이 마땅하다는 생각을 갖게 된다. 거기서 한발 더 나아가 내가 원하는 아이, 내가 만족할 만한 아이가 되는 것이 곧 아이에게도 좋을 것이라는 착각으로 발전하기도 한다. 세상 물정 모르는 미숙한 아이의 의사보단 세상 경험이 있는 부모의 의견이 더 합리적이라고 생각하기 때문에 아이가 자신의 뜻을 따라야 한다는 확신을 갖는다. 이 확신을 근거로 '내 마음에 드는 아이 만들기 프로젝트'가 시작되는 것이다.

사랑을 주는 것과
통제력 행사를 혼동하고 있다

예전 내 부모님 세대들도 자식에 대한 기대와 욕심이 있었다. 기대에 못 미치는 자식에게 화를 내기도 하고 잔소리를 퍼붓기도 했다. 하지만 그 정도로 끝나는 게 보통이었다. 간혹 치맛바람 휘날리며 자신의 기대에 부합하는 자식을 만들기 위해 물심양면으로 노력하는 관리형 부모들도 있었다. 하지만 그런 부모들은 극소수였고, 물질적인 여건이 지금과 같지 않았기에 관리의 영역이 그리 넓지도 않았다. 그런데 요즘은 관리형 부모들이 너무나도 많다. 관리의 영역도 공부나 성적 같은 한 부분이 아니라 진로, 친구, 취미, 외모 등 아이를 둘러싼 모든 게 그 대상이 되어 버렸다.

내가 일하는 곳이 사교육 시장이다 보니 이런 관리형 부모들을 많이 만나게 된다. 나는 그 부모들이 원하는 게 뭔지 너무나도 잘 알고 있다. 그들이 내게 원하는 건 단 한 가지, 아이를 자신의 마음에 드는 아이로 만들어 달라는 거다. 자기 마음에 드는 아이로 만들기 위해 나름 관리를 해 왔지만 어느 순간부터 아이가 자기 뜻대로 되지 않는 걸 느끼자 나 같은 사람을 찾아오는 것이다. 그들은 한껏 당황하여 나에게 달려와 도움을 요청한다. 요청의 핵심은 '내가 관리하지 못하는 부분을 나 대신 관리해 달라'는 것이다.

아무리 교육 컨설턴트로 밥을 먹고살지만 이런 부모들을 만날 때마다 가슴이 답답해진다. 자신이 원하는 아이로 만들겠다는 의지가 남달리 투철한 부모를 만나면 나는 마치 진시황한테 불로초를 구해 오라는 명령을 받은 서복이 된 것 같아 막막해진다. 내 눈에는 자신의 기대를 만족시켜 주는 아이로 만들고야 말겠다는 부모의 욕심이나 불로초를 먹고 불로불사(不老不死) 하겠다는 진시황의 욕심이나 같은 것으로 보인다. 하지만 부모들은 모른다. 이 세상에 불로초가 없듯이 자식을 내가 원하는 아이로 만들어 주는 신비한 명약 또한 존재하지 않는다는 것을.

관리란 효율성을 목적으로 이루어진다. 이때 전문적인 지식과 경험과 세심한 기술이 있으면 더 큰 성과를 낳을 수 있다. 그런데 잘 생각해 보라. 대한민국 부모들 중에 아이를 관리할 만한 지식과 경험과 기술을 가진 사람이 과연 얼마나 있겠는가. 부모들이 가진 것은 아이를 먹이고 입혀서 키운 양육의 경험밖에 없다. 양육은 누구나 할 수 있는 일이다. 하지만 교육은 양육과는 질적으로 다른 것이다. 교육은 매우 전문적인 영역으로 이에 대한 지식과 전문적인 기술이 필요하다. 누구나 교육을 할 수 있다면 왜 선생님이란 직업이 존재하겠는가. 문제는 부모들이 양육의 경험과 관점으로 교육을 하려고 달려드는 것이다. 거기다 한술 더 떠서 관리까지 하려고 든다.

전문가의 입장에서 보면 부모들이 하는 관리는 관리라고 할 수도 없다. 관리가 아니라 우격다짐으로 자신의 욕심을 강요하는 것에 불과하다. 관리란 이성의 영역이다. 내 욕심을 실현하기 위한 게 아니라 상대가 갖고 있는 자원을 최대한 활용하여 최대의 성과를 실현하기 위한 것이다. 하지만 나는 지금까지 자신의 욕심이 아닌 아이가 가진 장점과 가능성을 높여 달라고 말하는 부모를 단 한 번도 만난 적이 없다. 대부분 '이것도 잘해야 하고, 저것도 잘해야 하고, 이건 이러해서 불만이고, 저건 저래서 문제다'라는 식의 요구와 불만만 늘어놓을 뿐이다. 내 귀에는 이런 불만들이 왜 코끼리가 냉장고에 안 들어가냐고 생떼를 부리는 것처럼 들린다.

이런 불만을 늘어놓는 부모들에게 가끔씩은 따끔한 경고를 할 때도 있다. 그렇게 하다간 코끼리가 도망가거나 냉장고가 터질 수 있다고 말이다. 그건 동그란 수박을 네모난 상자에 맞게 키우려는 것과 같은 거라고 말이다. 자칫하면 그 상자보다 더 크게 자랄 수도 있는 아이를 부모의 세상에 맞춰 오히려 작게 만들 수도 있다고 경각심을 심어 줄 때도 있다. 하지만 이러한 나의 경고와 충고에 귀를 기울이는 부모는 거의 없다. 그들에겐 코끼리가 도망갈 수 있는 위험보다 자신의 확신을 충실히 따르는 게 더 중요하기 때문이다.

고마움과 미안함을 느끼게 하는 부모의 사랑이 필요해

관리를 하려고 달려드는 부모들은 늘 아이들과 갈등을 빚는다. 내 자식이지만 내 뜻대로 따라와 주지 않아 미울 때도 있다. 그렇다고 아무것도 안 하고 손 놓고 있을 수는 없는 법. 관리를 그만둔다는 건 아이의 미래를 포기하는 것처럼 느껴지기에 부모들은 더욱더 관리의 끈을 조인다. 아이가 싫어해도 어쩔 수 없다. 이것이 부모로서 아이에게 해 줄 수 있는 최선의 길이라고 그들은 생각한다. 무엇보다 이 생각을 절대로 버리지 못하는 아주 중요한 이유가 있다. 주위를 돌아보면 부모의 관리로 만족할 만한 결과를 얻어 성공한 사례들이 정말로 있기 때문이다.

부모가 어떻게 했더니 공부 못하던 아이의 성적이 올랐다든가, 부모가 빡세게 조이고 다듬었더니 좋은 대학에 입학했다는 식의 성공 사례들이 간혹 있다. 이처럼 해피엔딩으로 결실을 맺은 이야기들은 지치고 혼란스러운 부모들의 마음에 희망과 집념을 불어넣어 준다. 나도 해낼 수 있다는 자신감을 심어 주고, 조금만 더 하면 우리 아이도 남 부럽지 않은 사람이 될 수 있다는 간절함을 갖게 한다. 성공 사례를 살펴봐도 자신과 특별히 다른 것이 없어 보인다. 학원 보내고 과외 시킨 것도 비슷하고, 아이 성적을 봐도 내 아이보다 특별히 나은 것 같지 않다. 어쩌면 학원이나 과외 선생이 성공 비결인지 모른다는 생각에 학원을 바꿔 보기도 한다. 아니면 그동안 자신이 너무 느슨하게 아이를 관리한 건 아닌가 반성하며 관리의 강도를 더 높이기도 한다. 신데렐라 이야기가 허구라는 걸 알면서도 수많은 미혼 여성들이 신데렐라를 꿈꾸듯, 수많은 부모들도 자신들이 해피엔딩의 주인공이 될 거라는 희망을 버리지 않는다. 왕비가 되어 정말로 왕자와 행복하게 잘살았는지는 뒷이야기가 없어서 모르겠지만 세상에 신데렐라가 된 사례가 있기는 하다.

이처럼 부모의 관리로 아이의 성적이 쑥쑥 올라 좋은 대학에 입학한 사례를 나 역시 몇 번 봤다. 겉으로 보기에 그들은 보통의 관리형 부모들과 별반 다르지 않아 보인다. 하지만 그 속을 들여다보면 아주 큰 차이가 있다. 바로 아이가 지금 자신의 부모에게 갖고 있는 감정이다. 그런 집의 아이들은 부모가 자신을 사랑하고 신뢰한다는 것을 확실하게 믿고 있다. 그래서 부모가 자신에게 요구하고 지적하는 걸 강요나 비난으로 받아들이지 않는다. 이게 가능한 이유는 현재 그들이 부모에게 갖고 있는 감정 때문이다. 그 감정이 바로 '고마움', 그리고 '미안함'이다.

부모의 관리가 아이에게 통할 수 있는 건 그 집 아이가 특별히 착하고 효심이 지극해서가 아니다. 답은 아이가 아닌 부모에게 있다. 그런 부모들은 아이가 자신의 사랑을 느낄 수 있게 사랑을 주었다. 받는 사람인 아이의 입장은 고려하지 않고 내 마음대로 내 편한 대로 사랑을 주는 게 아니라 아이가 마음으로 느낄 수 있도록 준 것이다. 그게 바로 그 부모들이 가진 특별함이다. 이 특별함은 사람을 다룰 줄 아는 요령과 사랑을 표현할 수 있는 섬세한 기술을 바탕으로 한다. 이런 바탕이 있을 때만이 '관리'라는 고도의 기술을 통해 원하는 결과를 얻을 수 있다. 관리란 의욕만 갖고 무작정 덤빈다고 원하는 결과를 얻을 수 있는 게 아니다. 매우 기술적이고 전문적인 영역이다. 그런 부모들은 이런 기술이 매우 뛰어나다. 그래서 아이는 자신이 관리당하고 있다는 걸 전혀 느끼지 못하고, 그게 부모님의 사랑이라고 믿는다.

바로 이 점이 보통의 관리형 부모와 그렇지 않은 부모의 가장 큰 차이점이자 성공 비결이다. 아이를 관리하되, 관리자가 아닌 부모의 자리를 굳건히 지키는 것. 결코 쉽지 않은 일을 해냈기에 그들의 노력은 결실을 맺을 수 있었다. 하지만 대다수 관리형 부모들은 자신들이 해야 할 일들은 제쳐 두고 아이에게 강요만 한다. 그것도 "난 네 관리자니 내가 하라는 대로 하면 돼"라고 노골적으로 말하면서 말이다.

부모는 스포츠 팀의 훈련 코치도 한 회사의 직장 상사도 아니다. 훈련 상황이나 실적을 평가하고, 평점을 매기고, 실적에 따라 점수를 주는 사람이 아니라는 말이다. 이건 굳이 부모가 하지 않아도 된다. 부모가 아니더라도 수많은 사람들이 아이를 평가할 것이기 때문이다. 지금도 친구들과 선생님, 그 밖의 많은 사람들에게서 성적, 성격, 외모 등을 평가당하고 있지 않은가. 이미 아이들은 주위의 평가 때문에 스트레스와 상처를 받고 있다. 그것만으로도 아이들은 무척 힘들다. 그런데 그런 아이를 보듬지는 못할망정 오히려 남들보다 더 가혹하게 평가하고 분석하고 있으니 아이의 스트레스는 가히 어마어마할 것이다.

부모는 관리자의 눈으로 아이를 평가해서는 절대 안 된다. 관리자로 누군가를 평가한다는 건 존재 가치를 효용성과 필요성의 관점에서 본다는 거다. 직장 상사들이 실력이 좋은 직원을 인정하고, 스포츠 감독이 실력과 실적이 제일 좋은 선수를 선택하는 것처럼 부모 역시 관리자로서 자식을 대한다는 건 부모가 만족할 만한 실적이 있어야만 자식으로 인정하고 사랑할 수 있다는 뜻이다. 과연 이러한 관계 속에서 아이가 부모의 사랑과 신뢰를 제대로 느낄 수 있을까? "다 널 위해서야"라는 부모의 말을 믿을까? 아마 부모의 말을 애정이 담긴 조언이 아니라 비난으로 받아들일 것이다. 잘못을 바로잡기 위한 꾸지람이 아니라 부모의 화풀이라고 느낄지도 모른다.

같은 말이라도 그 말을 누가 하느냐에 따라 각각 다르게 해석된다. 자신에게 애정이 있다고 느껴지는 사람의 말은 그 내용이 어떨지라도 좋은 뜻으로 받아들일 것이고, 자신을 미워하거나 싫어한다고 생각되는 사람의 말은 그게 아무리 좋은 내용일지라도 비난으로 여겨지기 쉽다. 아이가 부모의 말을 따르지 않는 건 그 말이 비난처럼 들리기 때문이다. 만약 아이가 부모를 이렇게 판단하는 한 부모의 노력과 관리는 통하지 않을 것이다. 오히려 아이에게 반감과 분노만을 심어 줄 뿐이다.

겉으로는 멀쩡해 보이지만 부모를 향한 분노지수는 위험수위

지금의 십 대들에게 엄마란 어떤 존재일까? 나는 그동안 초등학생부터 고등학생, 심지어는 대학생에 이르기까지 다양한 연령대와 개성을 갖고 있는 학생들과 엄마들의 이야기를 들어 왔다. 오늘날 십 대들, 과연 그들이 느끼는 이 시대의 엄마는 어떤 모습일까? 그들이 이야기하는 엄마들의 모습은 다양했지만 공통점이 하나 있었으니, 바로 나를 관리하는 엄마라는 거다. 아니, 오늘날의 엄마는 단순한 관리자를 넘어서 자녀의 모든 것을 다스리고 책임지려는 신의 영역까지 진출한 것 같다. 오른쪽에 있는 글은 많은 아이들에게 전해 들은 오늘날 엄마들의 역할과 그 모습을 내가 나름 순화시켜서 정리해 놓은 것이다.

싸늘한 냉소와 함께 엄마를 '이 시대 최고의 관리자'로 묘사하는 아이들. 이렇게 말하는 그들은 비행 청소년이나 불량 학생처럼 문제아가 아니다. 공부도 잘하고 행동도 얌전한 모범생인 아이들이 자신의 부모를 향해 분노와 냉소의 감정을 과감히 드러낼 때면 걱정보다 두려운 마음이 든다. 저 아이의 부모는 아이가 자신에 대해 이런 생각과 감정을 품고 있다는 걸 알까. 아마 꿈에서도 생각하지 못할 것이다. 아직 아이라서, 한창 사춘기의 반항심이 불타오를 때라서 부모를 향해 나쁜 감정을 쏟아 낼 수도 있다. 우리 부모들도 어렸을 때는 부모에 대한 미움과 원망을 가진 적이 있었으니까. 그렇게 지나가는 감정일 거라고 가볍게 생각할 수도 있다. 하지만 그들의 이야기를 들으면서 아이들이 가진 분노와 냉소의 정도가 결코 가볍지 않다는 걸 느꼈다. 어쩌면 아이들이 가진 분노와 냉소는 지금 부모들이 오래전에 잠시 가졌던 미움과 원망과는 질적으로 다르며 더 깊을 수도 있다는 생각이 들었다.

하지만 부모들은 지금 아이가 자신에게 어떤 감정을 느끼는지 혹은 아이와 자신이 어떤 관계를 맺고 있는지를 별로 걱정하지 않

나의 양식과 의복을 주관하시며

나의 성적 향상을 위해 손수 운전을 하시며

학원이라는 성지를 순례하시옵고,

나의 건전한 이성관의 형성을 위해

나 이외의 다른 여자를 섬기지 말라 하시고,

나의 무분별한 시간 개념을 잡아 주기 위해

친히 컴퓨터에 록(Lock)을 걸어 주시는 자상함을 시행하시고,

나의 청순 콘셉트와 모범생 이미지를 살리고자

그 흔한 비비크림과 컬러 렌즈조차 절대 불가(不可)를 명하시옵고,

나의 일거수일투족을 매의 눈초리로 감시하시어

감히 딴 짓을 할 엄두를 못 내게 만드시고,

간혹 거짓과 사기의 유혹에 길들 때마다 명탐정 코난 같은

예리한 추리력을 발휘하시어 간담을 서늘케 만드시는 그분.

때로 술 먹고 떡이 되어서 들어오시는 아버지를 향해

'원수'라고 칭하시며 히스테리의 극한을 시범하시어

모두를 벌벌 떨게 만드는 위엄을 보이시고,

따라서 이제 믿을 건 나밖에 없으므로 오직 나에게

모든 미래와 희망을 건다며 눈물로 호소하시다가도

좀만 수틀리면 나에게도 '원수'라는 호칭과 막말을 하시며,

미래의 나의 모습이 내 아버지와 별로

다를 바가 없다는 것을 예견하시는 바,

당최 어느 장단에 춤을 춰야 할지 헷갈리게 만드는

신비한 카리스마의 소유자,

우리 엄마느님을 찬양하라!

는 것 같다. 계속 주다 보면 자연스럽게 느낄 거라고 생각한다. 지금 당장 모르더라도 시간이 흐르면 알게 될 거라고 믿으며, 나중에 잘되면 그때 가선 고맙다고 할 거라 자신하고 있다. 자신들도 예전엔 부모를 원망하였지만 어른이 되니 부모를 위하는 마음이 절로 생겨났듯이, 지금은 비록 자신과 자식 간의 끈이 허술하지만 시간이 지나면 단단해질 거라고 확신한다. 그런데 왠지 나는 그들의 자신감에 선뜻 동의할 수가 없다.

나는 사람 간의 관계는 고마움과 미안함을 느끼는 정도에 따라 그 농도가 달라진다고 본다. 하지만 세상을 좀 살아 본 사람이라면 알겠지만 어떤 대상에게 고마움과 미안함을 느끼기란 쉽지 않다. 특히 미안함을 느낄 수 있는 대상을 만나기는 하늘의 별 따기만큼이나 어렵다. 미안함이란 나를 위해 한없이 희생하고 이해하고 기다려 준 사람한테서만 느낄 수 있는 특별한 감정이기 때문이다. 만약 현재 아이가 자신의 부모가 나를 위해 희생하고 기다려 주고 참아 주는 유일한 사람이라는 걸 느끼고 있다면 그러한 감정을 갖고 충분히 고마워하며 따를 거라 본다.

부모는 자식한테 늘 져 주는 게 순리라고 했다. 그러다 보면 자식은 철이 든다고 한다. 그런데 요즘 부모들을 보면 과연 아이들이 자신의 부모에게 고마움과 미안함을 느끼고 있을까 하는 의문이 든다. 사실 요즘 부모들은 너무 똑똑하고 강하다. 아이에게 절대로 지지 않으려 하고, 관리와 통제의 끈을 놓지 않으려고 한다. 자식이 자랄수록 부모가 져 주는 게 순리라는 말이 이젠 옛말이 된 것 같다. 부모를 이기면서 미안함을 느낄 때 자식은 철이 든다고 하는데, 자신을 굴복시키려 하고 관리하려고 드는 부모에게 과연 미안함을 느낄 수 있을까? 부모한테서 미안함을 느껴 보지 못했다는 건 자신을 위해 무조건적으로 헌신하고 이해하고 참아 준 사람이 없다는 뜻이기도 하다. 이 세상에 나를 위해 조건 없이 희생하고, 이유 없이 이해해 주고, 기한 없이 참아 주고 기다려 줄 사람은 부모밖에 없다. 내 마음에 들어서가 아니라, 뭘 잘해서가 아니라 자식이라는 존재 자체만으로 사랑하고 아껴 줄 사람도 오직 부모뿐이다. 그래서 신이 모든 이 곁에 있을 수 없기에 엄마를 하늘에서 내려 주셨다고 하는지도 모르겠다.

수년 전, 사업에 실패하고 낙담해 있는 나에게 어머니는 이렇게 말씀하셨다.

"살다 보면 좋은 날도 있고 궂은 날도 있는 법이야. 남자 나이 마흔도 안 돼서 성공하겠다는 마음부터가 욕심이지. 실패도 안 해 보고 쉽게 성공해 버리면 그건 오래 못 가. 비 온 뒤에 땅이 굳는다고 실패도 경험해 봐야 단단해져. 그러니 다 나중을 위해 경험하는 거라 생각하고 마음 편히 먹어. 앞으로 다 잘될 거야."

하나밖에 없는 소중한 아들이 사업에 실패했으니 어머니도 나만큼 낙담하고 실망이 컸을 것이다. 하지만 어머니는 나의 잘못을 언급하거나 더 잘하지 그랬냐는 말을 하지 않았다. 그 대신 미소를 지으며 축 늘어진 내 어깨를 두드리며 위로해 주고, 다 잘될 거라며 격려해 주었다. 사실 내 잘못을 탓하고 비난하는 건 어머니가 아니라도 누구나 할 수 있다. 굳이 어머니까지 거들지 않아도 된다. 그래서 어쩌면 쓴소리 없이 나를 위로하고 격려해 주었는지 모르겠다. 하지만 어머니의 그 따뜻한 위로와 격려가 나를 더 아프게 했다. 이런 실망밖에 안겨 주지 못하는 내 자신이 너무 한심하고, 그래도 한결같이 나를 믿어 주고 기다려 주는 어머니한테 말로 형언할 수 없을 정도로 미안하고 고마웠다. 그리고 그 미안함과 고마움이 다시 나를 일어서게 해 주었다.

관리하고 평가하고 잘한 만큼 인정하는 건 누구나 할 수 있는 일이고, 또 누구나 하는 일이다. 그 일을 굳이 부모까지 나서서 할 필요가 있을까? 대신 세상 누구도 할 수 없는 일, 오직 부모만이 할 수 있는 일을 해야 한다. 바로 아이를 조건 없이 이해하고 인정하는 거다. 더불어 아이가 부모에게 받은 이해와 인정에 고마움과 미안함을 느낄 수 있게 하는 거다. 이것이 지금 이 시대의 모든 부모가 시대 탓, 세상 탓 하지 않고 가야만 하는 길이다. 그렇지 않으면 나도 내 아이도 불행해질 것이다.

부모를 향한 미움과 원망이 극단에 이른 지금의 십 대들과 그들을 세상에서 가장 사랑한다고 말하는 엄마들의 관계는 점점 어긋나고 있는 듯하다. 원래 엄마라는 말은 생각만 해도 애틋하고 듣기만 해도 눈시울이 붉어지는 말이다. 그런데 과연 지금의 십 대들이 그 말 속에 담겨 있는 애잔한 의미들을 알기나 할까?

우리 아이와 나의 시차는?

1. '부모와의 관계'에 대한 시차 점검

번 호	문 항	전혀 그렇지 않다 0 min	보통이다 15 min	가끔 그렇다 30 min	자주 그렇다 1 hour
1	우리 아이는 약속을 잘 지키지 않아서 아이의 말을 믿기가 어렵다.				
2	남들 앞에서 아이를 혼내거나 잔소리를 하는 편이다.				
3	지금은 철이 없지만 나중에는 부모 마음을 이해해 줄 것이다.				
4	우리 아이는 어른이 된 후에 나에게 효도할 것이다.				
5	우리 아이는 아직 어려서 나의 관리가 절대적으로 필요하다.				
6	우리 아이는 내가 도와주는 것에 내색은 하지 않아도 고마워하고 있을 것이다.				
7	우리 아이는 아직 무언가를 혼자서 결정할 만한 능력이 없다.				
8	우리 아이는 밖에서 부모에 대한 험담을 하지 않을 것이다.				
9	나는 우리 아이를 누구보다도 잘 알고 있다.				
10	우리 아이가 험한 세상을 헤쳐 나가려면 부모가 오래도록 곁에서 도와주어야 한다.				
11	우리 부부의 대화는 주로 자녀에 대한 것들이다.				
12	부모로서 자식을 위해 헌신하고 희생하는 것은 당연하다.				

시차 진단 해설표

시차 0~3시간　"너와 나는 그저 독립된 사람이야. 하지만 특별하지."

자녀와 부모의 관계를 수평적으로 이해한다. 당연히 미숙하고 부족할 수밖에 없다는 사실을 인정하고, 아이가 스스로 건강하게 자랄 수 있도록 믿고 기대하면서 묵묵히 기다려 준다. 또한 자녀를 독립된 인격체로 여기기 때문에 내가 준 만큼 받으려고 하지 않을뿐더러 행여 그렇다 하더라도 아이에게 그런 마음을 내비치거나 부담을 주지 않는다.

시차 3~6시간　"아직은 네가 미덥지 않구나."

아직 자녀에게 모든 걸 믿고 맡기기엔 미덥지 않은 부분이 많다. 그래서 언제 어디에 자신이 개입해야 할 것인지에 대해 늘 예의 주시하고 있으며, 언제라도 영향력을 행사할 준비가 되어 있다.

시차 6~9시간　"엄마라 쓰고 관리자라 읽으렴."

부모는 당연히 자녀를 관리해야 하는 책임과 권한이 있으며, 그걸 통해 자녀를 성공적으로 만들어 갈 수 있을 거라 생각한다. 이런 마음을 자녀가 몰라준다 해도 어쩔 수 없으며, 부모가 정한 범위 내에서만 자녀에게 결정권을 준다.

시차 9~12시간　"이건 사랑이야. 그리고 내가 네 엄마다."

자녀에게 주는 모든 것을 사랑으로 여기며, 자녀는 그 사랑을 마땅히 받아들여야 한다고 생각한다. 늘 부족하기 때문에 자신을 믿고 결정권을 달라고 하는 자녀가 싫다. 이런 부모들을 보면, 자녀가 그들의 삶 대부분을 차지하고 있고 자녀가 그 자체로 꿈이자 희망인 경우가 많다. 부모가 주는 사랑은 희생과 헌신에서 비롯된 것이기에 정당하며 나중에 자녀가 효도로 그 사랑을 되갚을 것이라 믿는다.

12:00

브라질 vs 한국

PART ★ 2

친구에 대한 시차 극복하기

친구를 사귀는 일은
하찮은 경험이 아니다

놀면서 만들어진 친구가 진짜 친구다

이 책을 쓰면서 나는 처음으로 나의 유년시절과 학창 시절을 객관적이고 구체적으로 되돌아보게 되었다. 가족들끼리 빙 둘러앉아 옛날이야기를 나누거나 어릴 적 친구들과 서로의 실수와 비리를 술자리 안주 삼아 추억한 적은 많았다. 그런데 지나온 시간을 추억하면서 그 근원을 찾고 분석해 보는 건 이번이 처음이다. 마치 퍼즐 맞추기와 같다고나 할까.

추억이란 과거에 대한 기억이다. 그 기억들은 왜곡되기 쉬우며,

구멍이 숭숭 뚫린 그물처럼 허술한 부분들이 많다. 그래서 당시엔 무척 괴로웠던 일들이 시간이 지나면 꽤 괜찮은 기억으로 포장되는 경우도 빈번하게 발생한다. 이처럼 추억이 아름다운 것으로 포장되는 걸 두고 뇌과학에서는 '기억의 왜곡'이라 일컫는다. 이런 점에서 나의 추억 분석 작업은 기억의 왜곡을 정정하고, 비어 있는 곳을 촘촘히 메우기 위한 일이 되었다.

글을 쓰기 위해 어쩔 수 없이 하게 된 이 작업 덕분에 나는 뜻밖의 수확을 얻었다. 아니, 수확이라는 말로는 2% 부족하다. 소중한 것에 대한 깨달음이라고 하는 게 더 적합할 것이다. 나는 지금의 '나'가 어떻게 만들었고, 그 과정 속에서 얼마나 많은 사람들의 애정과 믿음과 지원이 있었는지를 알게 되었다. 그들은 주로 나의 부모님과 가족들, 그리고 무엇보다 많은 친구들이었다. 초등학교와 중학교, 고등학교, 대학교를 거치는 동안 내겐 많은 친구들이 있었다. 추억은 나와 얽히고설킨 사람들의 숫자와 비례하기 때문에 내겐 친구들과 얽힌 추억들이 꽤 많다. 그 추억들을 회상하면서 내가 친구들에게서 얼마나 많은 즐거움과 격려와 지원을 얻었는지를 알게 되었다. 그때는 내가 그들을 도와준다고 생각했는데, 지금 돌아보니 그게 아니었다.

살면서 느끼게 되는 안타까운 진실 중 하나는 중요한 것일수록 오랜 시간이 지나고 나서야 그 의미를 깨닫게 된다는 것이다. 지금

하고 있는 이 시답잖은 일들이 먼 훗날엔 추억이 된다는 걸 그때는 모르고 지나치는 경우가 많다. 그럴 수밖에 없는 것이 그때 나와 내 친구들의 일상은 온통 지루하고 소소하고 별거 아닌 일들로 가득했기 때문이다.

나와 어릴 적부터 한 동네에서 함께 뛰놀던 친구들은 대부분 같은 초등학교에 입학했다. 입학은 했지만 어린 사내아이들에게 공부나 수업 같은 건 그리 중요하지 않았다. 우리들에게 제일 중요한 건 무엇을 해야 더 재미있게 놀 수 있는가 하는 것이었다. 당시 놀거리를 기획하는 일은 친구들 사이에서 나름 전략가로 통하고 있던 내 몫이었다. 그러한 임무를 자연스레 맡게 되자 나는 수업 시간 내내 오늘의 놀 거리를 생각해 냈고, 본격적인 하루가 시작되는 방과 후부터 바로 실행에 옮겼다.

사실 놀 거리라 말할 수도 없는 조잡하고도 유치한 짓들이었다. 누군가가 야구방망이를 샀다는 소문이 들리면, 그것을 아이템 삼아 '오늘의 야구'를 하는 식이었다. 그렇다고 성실하게 야구만 하면서 노는 것은 또 아니었다. 놀이의 시작은 야구였지만 어느 순간부터 방망이는 칼이 되었고 야구공은 일종의 탄알이 되었다. 방망이를 칼처럼 휘두르고 야구공으로 투석전을 벌이는 전쟁놀이로 변질되기 일쑤였다. 그러면 우리의 놀이터는 학교 운동장에서 동네 골목을 거쳐 뒷산 공터로 순식간에 확대되었다. '우와아~' 같은 함성도 비명도 아닌 괴상한 소리를 지르면서 땀을 뻘뻘 흘리며 망아지처럼 씩씩대고 온 동네를 뛰어다녔다. 그렇게 뛰어다니다 보면 어느덧 저녁 해가 저물어 있었다. 말 그대로 우리는 시간 가는 줄 모르고 놀았다.

그렇게 싸돌아다녔는데도 그대로 헤어지기가 아쉬워 우리들은 저녁밥을 얻어먹을 만한 집을 물색하였다. 다행히 부모님이 계 모임에 가서서 비어 있는 집이 있으면 거기로 우르르 몰려갔다. 한창 먹성 좋은 사내아이들이 하루 온종일 뛰어다니며 놀았으니 얼마나 배가 고팠겠는가. 한여름 들판의 곡식을 먹어 치우는 사마귀 떼처럼 우리는 집 안에 있는 먹을거리란 먹을거리는 모조리 싹쓸이해 버렸다. 먹을 게 마땅치 않으면 라면 몇 개에다 식은 밥을 같이 넣어 끓인 일명 '꿀꿀이죽'을 만들어 먹었다. 그러다 친구 부모님이 생각보다 일찍 들어오시면 다 함께 무릎 꿇고 벌을 서거나 친구 어머니가 휘두르는 빗자루를 피해서 메뚜기처럼 도망 나왔다.

이런 일상이 초등학교 내내 거의 매일같이 반복되었으니 초등학교 때 추억이라 해 봤자 변변한 게 없었다. 그런데 찬찬히 기억을 더듬어 보면 나도 부모님과 좋은 곳에 여행을 가거나 꽤 비싼 레스토랑에 가서 칼질 같은 걸 해 본 적이 있다. 요즘 아이들처럼 부모님과 함께 해외여행을 간 적은 없지만 나름 부모님을 따라 꽤 좋은 곳에도 갔고, 비싸고 맛있는 음식도 많이 먹었다. 그런데 왜 초등학교 시절을 떠올리면 그런 좋은 것들은 하나도 생각나지 않고 고작 우리끼리 만들어 먹었던 꿀꿀이죽과 뒷산 공터를 헤집고 다닌 일, 함께 벌 받고 도망 다니던 기억만 떠오르는 걸까? 이런 걸 두고 기억의 윤색이라고 하는 것인지 모르겠다.

우리의 망아지 같은 일상은 초등학교를 졸업하고 중학생이 되면서부터 조금씩 변하기 시작했다. '우와아~' 같은 원시인의 함성보단 인간의 언어를 쓰는 일이 많아졌고, 막대기를 들고 온 동네를 뛰어다니는 대신 바지 주머니에 손을 찔러 넣고 건들거리며 돌아다녔다. 그래도 나름 중학생인데 초딩처럼 씩씩대며 뛰어다니는 건 왠지 급에 안 맞는 일 같았다. 그래 봤자 어른들 눈에는 초등학생이나 중학생이나 도토리 키 재기처럼 철없어 보이는 건 마찬가지였을 것이다. 하지만 자신들이 망아지 같은 초딩과 같은 급으로 보이는 걸 결코 용납할 수 없는 일이었다. 이젠 더 이상 아이가 아니라 어른이라고 생각했기 때문이다.

일곱 명의 남자아이들이
모여서 노는 법

성장호르몬이 일으키는 변화는 실로 거대하다. 내 몸이 변하고 있다는 사실은 사춘기 아이들에겐 신비하고 즐거운 경험이 아니라 뭔가 두렵고 부끄러운 고민 같은 거다. 내게 이런 일이 벌어지는 게 정상인지 혹은 나에게만 일어나는 기이한 현상은 아닌지 궁금하고 걱정이 되지 않을 수 없다. 이러한 신체 변화가 만들어 낸 십 대 아이들의 고민들과 그들이 겪는 정신적 고뇌를 함께 나눌 수 있는 대상은 마땅히 누가 있을까? 또래 친구밖에 없다. "새벽에 이상한 꿈을 꿨는데 팬티가 축축해졌어. 혹시 이게 전설로만 전해 듣던 바로 그걸까?"라는 말을 부모님께 하겠는가, 아님 누나들에게 털어놓겠는가. 만약 부모님께 털어놓는다면 어떤 상황이 벌어질지 안 봐도 비디오다. 아마 부모님은 순진한 얼굴로 서슴없이 이런 질문을 하는 아들의 얼굴을 쳐다보지 못하면서 우물쭈물 댈 것이다. 그러면서 한편으론 '아, 이 녀석이 아직도 애구나'라고 생각할 게 뻔하다. 이렇게 서로가 민망한 상황이 벌어질 게 뻔하기에 사춘기 청소년들의 고민과 고뇌는 같은 문제를 안고 있는 또래 친구들과 나눌 수밖에 없다.

물론 사춘기 시절에 하는 고민이 신체적 변화만 있는 건 아니다. 신체 변화는 자연스레 심리 변화를 가져온다. 그래서 세상을 보는 관심과 안목을 달라지게 만든다. 예전엔 야구방망이를 보면 아이들과 야구를 할 생각만 했다면, 사춘기 남자아이들은 야구보단 친구들과 돌려 본 도색잡지의 한 장면을 떠올린다. 다시 한 번 강조하지만 자신이 이런 상상을 한다는 걸 과연 부모한테 말할 수 있겠는가. 절대 그럴 수 없다. 이런 말을 할 대상은 같은 상상을 하고 있는 친구밖에 없다. 이런 이유로 사춘기가 되면 더욱더 친구를 찾게 되고 그들과 친밀해지는 것이다. 초등학교 때는 친구들과 우르르 떼 지어 다니는 걸 경멸하던 아이들도, 혼자서 도도하게 잘 놀던 아이들도 사춘기가 되면 달라진다. 혼자 이 많은 고민과 불끈불끈 솟아나는 상상의 나래를 감당할 수 없기 때문이다. 이 모든 것을 함께 나눌 수 있는 친구가 절실해진다.

혼자서도 잘 놀아 왔던 아이들도 이럴진대, 어려서부터 동네 대장을 자처하며 친구들을 끌고 다니던 나는 어떠했겠는가. 가히 나의 사춘기는 친구들의 전성시대라고 해도 과언이 아니었다.

중학교 시절 내 주위에는 여섯 명의 친구들이 있었다. 영화 〈영웅본색〉을 보면서 윤발이 형님의 간지에 뿅 가서 장롱 속에 고이 모셔 둔 아버지의 바바리를 입고 괜히 입에 성냥개비 하나를 물고 사나이들만의 우정과 의리는 세상 그 어떤 것보다 고귀한 것이라고 입 모아 외치던 철없던 녀석들이었다. 우리는 하루도 빼놓지 않고 매일 뭉쳐 다녔고 방과 후에는 일곱 명이 다 모일 때까지 기다렸다가 가로로 펼쳐져 길을 걷곤 했다. 마치 영화 〈친구〉의 한 장면처럼 말이다. 그런데 일곱 명의 무리가 이상할 정도로 단합이 잘되다 보니 의도치 않은 소문도 나돌았다.

내가 전교 1등이라는 이유로 전교 1등부터 7등까지 모인 그룹이

라는 둥 옆 동네 모 중학교 일진과 패싸움이 붙어서 작살을 냈다는
둥 옆옆 동네 모 여중에 다니는 예쁜 아이들은 모두 우리 애인이라
는 둥 사춘기 남자아이들이 할 수 있는 온갖 유치한 발상과 상상으
로 가득한 소문들이었다. 사실 여부와 상관없이 소문이 이렇다 보
니 우리는 남보다 좀 다르게, 남보다 좀 특별하게 놀아야 한다는
어떤 사명감이 있었다. 쉽게 말해 어깨에 잔뜩 힘이 들어갈 수밖에
없었다는 거다.

예를 들어 이런 것이다. 보통 중학교 남자아이들이 노는 수준은
옹기종기 모여 만화방이나 오락실을 전전하다 라면 하나 먹고서
는 헤어지는 정도다. 이건 아마 지금도 별반 다르지 않을 것이다.
우리도 노는 수준이 크게 다르진 않았지만 뭔가 다른 점이 있다면
대단한 이벤트라도 하듯 이름을 붙여서 나름 계획을 세워 놓았다
는 것이다. 라면을 하나 먹어도 놀다가 배가 고파서 먹는 게 아니
라 'O월 O일은 라면 먹는 날'로 정하고, 라면이 가장 맛있기로 소
문난 분식집을 수소문해 정한 날짜에 가서 먹었다. 요즘 식으로 말
하면 맛집 기행이다. 그냥 다른 동네 분식집에 가서 라면 한 그릇
먹고 오는 이 단순한 일에 우리들은 진지하게 덤벼들었다. 라면이
맛있는 분식집 정보를 수집하고, 아이들한테서 시식 품평까지 듣
고 나서 매우 진지한 토론을 거쳤다. 이 집은 무슨 라면을 쓰기 때
문에 안 되고, 저 집은 계란을 풀어서 국물이 탁해져서 안 되고, 저

아랫집은 너무 매워서 안 된다는 등 각자의 의견을 들은 후 매우 심사숙고해서 분식집을 선정했다. 아마 우리들이 나눈 대화를 들었다면 한 편의 코미디가 따로 없었을 것이다. 웃기지만 나름 진지한 과정을 거쳐 엄선한 분식집에서 라면 한 그릇을 맛있게 먹고 나오면 우리는 뭔가 대단한 일이라도 한 것처럼 뿌듯하고 보람찼다.

친구 관계없이 정상적인 성장은 불가능하다

지금 와서 생각해 보면 정말 아무런 영양가 없는 쓸데없는 짓이었다. 공부에 아무 도움도 안 되는 짓들을 부모님에게 잔소리까지 들어가면서 우리는 계획을 짜고 부지런히 실행에 옮겼다. 그리고 방학이 되면 우리들의 쓸데없는 짓은 전성기에 다다랐다. 일단 방학이 시작되면 우리들은 친구 집 순례부터 시작했다. 미리 순례 계획을 세워 각자 부모님에게 허락을 얻어 하룻밤씩 친구 집에서 묵는 장기 프로젝트였다. 보통 우리 집을 시작으로 친구 집들을 다 돌면 최소 일주일이 걸렸다.

혼자 쓰는 작은 방에 일곱 명의 사내아이들이 들어간다고 생각해 보라. 어떤 일이 벌어지겠는가. 마루나 거실에서 밥 먹을 때 빼고는 일곱 명이 옹기종기 모여 있어야 했다. 좀 예쁘게 표현해서 옹기종기지 답답함 그 자체였다. 다리를 뻗는 건 상상할 수 없었다. 방바닥에 다 함께 앉아 있을 수가 없어서 몇 명은 책상 위와 의자 위에 앉아야 했다. 그래도 이때는 깨어 있어서 망정이지, 문제는 잘 때였다. 거의 곡예를 하듯 몸을 구기고 접고 쑤셔 박아 일단은 방바닥에 누울 순 있었다. 하지만 잠이 들어 이성의 힘이 상실되는 순간, 차마 눈 뜨고는 못 볼 대형 참사가 일어났다. 서로 얽히고설키면서 잠버릇이 험한 몇 놈이 나를 깔아뭉개기도 하고, 느닷없이 발이 날아와 내 얼굴과 배를 차는 게 다반사였다. 가끔은 씻지도 않은 더러운 발이 내 입에 들어와 있기도 했다. 그래서 아침에 일어나 우리가 저지른 만행과 자신이 당한 일을 확인하고 나면 구역질을 해 가면서 구타와 비난의 시간을 잠시 가지곤 했다.

사실 엔간히 깔끔한 성격이 아니면 친구 집에서 자기 위해 칫솔과 속옷까지 챙겨 올 사내아이는 그리 많지 않다. 나와 내 친구들 역시 안타깝게도 그렇게까지 깔끔한 성격을 지닌 사람은 없었다. 우리는 칫솔 하나를 사이좋게 돌려 가며 양치질을 했고, 어제 벗어 놓은 양말을 고이 빨래 통에 넣어 둔 채 친구의 서랍장에서 마음에 드는 양말을 하나씩 꺼내 신었다. 초등학생도 아니고 나름 중학생까지 되는데 이틀씩이나 똑같은 양말을 신을 수는 없지 않은가. 물론 이 또한 서두르지 않으면 친구의 양말 개수는 제한적이기 때문에 어쩔 수 없이 친구 아버지의 양말을 신어야 할 때도 있었다. 친구네 집을 순례하는 일정이 이틀 이상 걸린다면 속옷도 그런 식으로 해결하였다. 그러다 보니 나중에는 우리 집 옷장 서랍 안에 다른 녀석들의 팬티와 양말이 잔뜩 들어 있게 되고, 내 옷이 저 집에, 저 옷이 이 집에 있는 일이 비일비재하게 일어났다.

학창 시절 나의 방학은 늘 이런 식이었다. 그러다 크리스마스나 연말 송년회 같은 나름 기념할 만한 특별한 날이 오면 우리들만의 파티가 열렸다. 음식도 직접 준비하고 손님도 초대했기 때문에 아이들 사이에선 꽤 소문난 파티였다. 우리는 매년 이 파티를 가장 중요한 행사라고 여기고 적어도 두 달 전부터 치밀하게 준비하고 계획을 짰다. 사실 파티라고 해 봤자 별거 없었다. 초코파이에 초 몇 개 꽂아 놓고 과자 몇 접시 담고 음료수나 준비하는 정도였다. 그래도 우리 나름대론 꽤 많은 준비가 필요했다. 누가 시킨 것도 아닌데 굳이 이런 번거로운 짓을 사서 한 이유는 오직 재미 때문이었다. 다리도 제대로 뻗지 못할 만큼 좁은 방에 모여서 음악도 듣고, 만화책도 돌려 보고, 짝사랑하는 여자아이 이야기를 하면서 다 같이 불타오르기도 하고, 지구 종말이나 귀신 이야기를 하면서 어디서 주워들은 정보를 갖고 갑론을박을 벌이기도 했다. 우리들에겐 이 자체가 즐거움이고 행복이었다.

물론 이 모습을 못마땅하게 여긴 어른들도 많았다. 친구 집 순례를 다니다 보면 이런 꾸지람을 듣기도 했다.

"이놈들아, 이럴 시간 있으면 쓸데없는 짓 하지 말고 공부나 좀
해! 너희 부모님이 이렇게 놀라고 뼈 빠지게 일해서 먹이고 재우고
공부시키는 줄 알아? 너희들이 밥 먹고 해야 할 일은 공부야, 공부!
정신 차려!"

밥상머리에서 친구 아버지가 서슬 퍼런 얼굴로 이렇게 호통을
칠 때면 우리는 눈치만 보면서 아무 말 없이 밥만 꾸역꾸역 먹어야
했다. 속에선 반박하고 싶은 마음이 요동쳤지만 감히 친구 아버지
에게 말대꾸할 순 없었다. 공부를 잘하고 못하는 차이는 조금씩 있
었지만 우리들 중 어느 누구도 공부를 하기 싫다는 생각이나 공부
를 부정적으로 생각하는 사람은 없었다. 싫어하는 선생님의 뒷담
화는 몇 시간을 해도 모자랐지만 공부를 해야 한다는 생각은 늘 갖
고 있었다. 우리는 스스로 사회의 주류가 되기를 원했고, 거기에는
어른들은 잘 모르는 묘한 책임감 같은 게 있었다. 우리들이 이렇게
뭉칠 수 있기에 우리가 더욱 빛날 수 있다고 여겼고, 그에 상응하
는 역할과 책임을 멋들어지게 해 나가야 한다는 암묵의 동의가 다
들 마음 한구석에 있었다. 그랬기에 가끔은 동네 형한테 돈을 뺏기
거나 선생님에게 몽둥이찜질을 당하는 일이 있어도 툭툭 털고 금
세 웃을 수 있었다. 혼자가 아니기에, 함께 있기에 우리는 늘 당당
할 수 있었다.

엄마들은 잉여 시간이
전혀 없는 아이를 원한다

나는 세상에 나쁜 짓은 있지만 쓸데없는 짓이란 없다고 생각하는 사람이다. 쓸데없는 짓이란 보는 사람의 관점에 따라 달리 해석된다. 대개 어른들은 장차 밥벌이가 될 만한 일 또는 밥벌이에 도움이 될 만한 일을 쓸모 있는 일이라고 생각한다. 그 외의 일, 즉 해도 그만 안 해도 그만인 일은 쓸모없는 짓이라고 싸잡아 말한다. 하지만 어떤 사람들은 이 쓸데없는 짓을 두고 '경험'이라 부르기도 한다. 내가 이런 부류의 사람인데, 인간의 생각과 내면을 성장시키는 건 꼭 해야 하는 일보단 쓸데없는 짓일 수도 있다고 생각한다. 왜냐하면 이런 일일수록 다양한 경험을 할 수 있게 하기 때문이다. 그런 점에서 아이에서 어른으로 가는 중간 단계에 있는 사춘기야말로 쓸데없는 짓을 하는 것이 공부를 하는 것만큼이나 중요할 수 있다.

몇 년 전에 나온 김두식 교수의 《불편해도 괜찮아》라는 책을 보면, '지랄 총량의 법칙'이란 재미있는 말이 나온다. 희망제작소의 유시주 선생의 말에 따르면 모든 인간에게는 일생 쓰고 죽어야 하는 '지랄'의 총량이 정해져 있다고 한다. 어떤 사람은 그 지랄을 사춘기에 다 떨고, 어떤 사람은 나중에 늦바람이 나기도 하지만 어쨌거나 죽기 전까진 반드시 그 양을 다 쓰게 되어 있다는 것이다. 이 법칙을 잠깐 빌리면 '쓸데없는 짓 총량의 법칙'도 성립할 수 있을 것 같다. 특히 이 법칙은 평생이 아니라 연령에 따라 달리 적용된다. 왜냐면 연령에 따라 '쓸데없는 짓'이라고 불리는 게 조금씩 다르기 때문이다.

심리학자의 말에 따르면 정서적으로나 정신적으로나 건강한 인간이 되기 위해선 자기 나이에 맞는 성장 과정을 충실히 거쳐야 한다고 한다. 그 나이에 적합한 것을 배우고, 거기에 맞는 말과 행동을 하는 게 가장 좋다는 의미다. 이것을 내 방식대로 해석하면 나이에 맞는 쓸데없는 짓을 충실히 하는 게 결코 쓸데없는 짓이 아니라는 결론을 얻을 수 있다.

내가 굳이 어른들이 말하는 '쓸데없는 짓'이라고 하는 것에 구구절절 의미를 부여하는 건 사춘기 시절의 나의 행동들을 포장하기 위해서가 아니다. 내가 진짜 하고 싶은 말은 그 행동을 같이할 수 있는 사람, 즉 친구가 매우 중요하다는 것이다. 예전에 내가 했던 짓들은 혼자서는 결코 하기 힘든 것들이었다. 아니, 혼자라면 굳이 할 필요가 없었다. 그 일들을 함께할 수 있는 친구들이 있었기에 가능했고, 그래서 재밌었다. 만약 이 일들을 친구가 아닌 다른 사람, 예를 들어 부모님과 함께한다고 생각해 보자. 앞에서도 말했듯이 '쓸데없는 짓'이란 판단은 관점에 따라 달라지기 때문에 그 둘이

    10대들의 시계는 엄마의 시계보다 느리다

어떤 일을 함께하는 건 가능할지 몰라도 거기에서 비슷한 재미를 느끼기는 힘들 것이다. 아이에게는 재밌는 일이 부모한테는 한심한 짓거리로 보일 수 있고, 부모한테는 의미 있는 일이 아이에겐 지루함의 극치로 느껴질 수도 있다. 아이가 사춘기에 접어들면서부터 부모와의 외출이나 여행을 기피하는 이유가 바로 이 때문이다.

그렇기 때문에 이 일들을 재미나게 하기 위해선 비슷한 나이와 정신연령을 가진 사람이 필요하다. 같은 일을 하면서 비슷한 재미를 느낄 수 있는 사람은 친구밖에 없다. 그렇다고 재미를 위해 친구가 필요하다는 건 아니다. 좀 거창하게 말하자면 친구를 사귄다는 건 나 외의 또 다른 세계를 만나는 것이다. 부모의 세계 안에서만 자라 온 아이들은 친구를 만나면서 자연스레 또 다른 세계를 접하게 된다. 친구의 성격, 기질, 환경, 성장 과정, 관심사, 취미 등을 알게 된다는 것은 새로운 세계를 만나는 것과 같다. 친구와 접촉하고 소통하면서 아이는 새로운 세계를 알게 되고, 서로 영향을 주고받으면서 자신의 세계를 확장시킬 수 있다. 그렇게 다양한 친구들을 통해 다양한 세계를 접하고, 그러면서 아이는 자신의 얕고 허약한 세계를 풍부하고 단단하게 만들어 갈 수 있다. 그 과정을 가장 왕성하게 거치는 시기가 바로 사춘기다.

나는 친구를 통해 삼국지를 읽게 되었고, 기타를 배우며 음악의 세계에 빠져들 수 있었다. 또 사진 찍는 법을 배웠다. 물론 나쁜 것도 배웠다. 술과 담배를 배웠고, 패싸움도 해 봤고, 배신과 인간에 대한 불신도 경험해 봤다. 하지만 이것들도 결국엔 나의 세계를 넓히는 씨앗이 되어 주었다. 어린 시절에 친구들과 함께 쓸데없는 짓을 하면서 뿌렸던 많은 씨앗들이 시간이 흐르면서 싹을 틔우고 열매를 맺게 되었다. 그러면서 나의 세계는 더욱 다양해지고, 풍부해지고, 깊어졌다. 그 덕분에 나는 교육 컨설턴트로서 아이들과 소통하고, 작가로서 이 책을 쓸 수 있게 되었다.

그런데 요즘 아이들을 보면 한없이 안타깝다. 그들에겐 이러한 친구가 없기 때문이다. 물론 학원 가기 전 잠시 PC방에서 함께 노는 게임 친구나 쇼핑을 같이 가는 친구는 있다. 어떤 녀석은 페이스북 친구나 트위터 팔로우가 모두 자신의 친구라며 자랑하기도 한다. 뭐 넓은 범주에서 보자면 이런 관계도 친구라 할 수 있다. 하지만 아는 사람이나 반 친구 혹은 어쩌다 함께 노는 가벼운 관계의 친구 말고, 서로의 생각과 감정과 마음을 나눌 수 있는 진정한 친구는 그리 많지 않은 것 같다. 어쩌면 그런 친구를 만나고 깊게 사귈 수 있는 현실적 여건이 안 되기 때문인지도 모르겠다.

이유야 각기 다르겠지만, 중요한 건 그 때문에 아이들이 친구를 제대로 사귈 기회를 갖지 못하고 있다는 점이다. 그래서 성장기에 거쳐야 할 몇 가지 '쓸데없는 짓'들을 전혀 경험하지 못하고 있다. 물론 부모 입장에선 친구랑 어울려 다니며 쓸데없는 짓을 안 하니 너무나도 다행스러울 것이다. 시간 낭비 안 하고 착실히 공부만 하니 어찌 대견하지 않겠는가. 그러나 이건 매우 위험한 일이다. 친구와 쓸데없는 짓을 하는 법, 다른 말로 다른 사람들과 관계를 맺고 서로 소통하는 방법은 공부만 한다고 해서 배울 수 있는 게 아니기 때문이다. 요즘 아이들에게 너무나도 뚜렷하게 보이는 '타인과의 관계 맺기에 대한 흠결'은 내가 미래의 우리 아이들의 모습을 떠올렸을 때 가장 걱정되는 부분이다.

'친구'에 대한
10대들의 시계

진이 빠지게 놀아 본 적이
없는 요즘 아이들

학창 시절이 좋았던 이유를 하나만 들라면 나는 주저 없이 '방학'을 꼽을 것이다. 매일 아침 졸린 눈을 비비며 억지로 일어나지 않아도 되고, 늦은 밤까지 보고 싶은 영화와 만화책을 보면서 이부자리 위에서 뒹굴며 게으름을 피워도 되는 시간이 방학이었다. 비록 방학 숙제를 해야 한다는 부담감과 예습의 압박감은 있었지만 방학은 그런 걸 위해 존재하는 게 아니라고 믿으며 나와 친구들은 어떻게 해서든 더 재미있게 놀려고 했다. 가끔씩 친구들과 단체로 야반도주를 감행하기도 하고, 발명왕을 꿈꾸는 친구를 위해 고물상 탐험에 나서기도 했다. 이렇듯 우리는 방학 내내 탐험과 모험을 빙자한 말썽과 실수와 소란을 수시로 일으켰다.

하지만 요즘 아이들의 방학은 한없이 바쁘긴 하지만 또 한없이 얌전하기도 하다. 아마 바쁘기 때문에 얌전할 수밖에 없는지도 모르겠다. 어떤 아이는 학기 중일 때보다 더 바빠져서 차라리 방학이 빨리 끝났으면 좋겠다고 하소연하기도 한다. 평소 두 개 정도 다니던 학원이 방학이 시작되면서부터 네 개로 늘어나고, 기초 다지기를 위한 과외와 다음 학기 선행을 위한 수업을 동시에 병행하기도 한다. 상황이 이러하니 요즘 십 대들은 친구와 제대로 놀 엄두조차 내지 못하고 있다. 제대로 논다는 게 좀 이상하게 들릴 수도 있겠지만 현실이 그렇다.

내 말은 PC방에서 게임 몇 판 하다가 컵라면 하나 먹고 어영부영 시간을 보내면서 놀지 말라는 뜻이다. 뭔가 새로운 경험을 하면서 좀 계획적으로, 적당히 시간 때우기가 아니라 '끝장나게' '진이 빠지게' 놀아 보란 말이다. 이런 시간이 방학이 아니면 언제 있겠는가.

내가 이런 말을 하면 부모들은 바로 눈에 쌍심지를 켤 것이다. 엄마는 속사포 잔소리를 쏟아 내며 1분 동안 얼마나 많은 말을 할 수 있는지를 시험하는 인간 한계에 도전할 것이고, 아이는 국을 뜨는

국자도 풀스윙으로 맞으면 야구방망이처럼 아플 수 있다는 뼈저린 경험을 얻게 될 것이다. 하지만 그런 것들이 두려워서 방학이라는 귀중한 시간을 아무런 모험과 일탈 없이 그저 엄마가 시키는 대로 그냥 그렇게 보내는 건 너무 아까운 일이다. 그런데 요즘 아이들이 그렇다. 엄마의 계획에 충실히 따르며 너무 얌전하게 보낸다.

도진이도 엄마가 정한 가이드라인을 얌전히, 그리고 너무 충실히 잘 따르는 아이였다. 도무지 사춘기 남자아이라 볼 수 없을 정도로, 마치 '착한 아들 콤플렉스'에 걸린 것처럼 엄마의 말을 지상 명령으로 받들고 따랐다. 그래서 도진이 어머니는 사춘기 때문에 골머리를 앓는 다른 엄마들의 고민을 머나먼 나라의 얘기로 들으며 공부 잘하고 얌전하고, 무엇보다 자신의 말을 잘 따라 주는 도진이를 무척 자랑스러워했다. 그런데 중학교 2학년 여름방학, 도진이에게 위기가 닥쳤다. 아니, 어쩌면 도진이 어머니에게 위기가 닥친 것인지도 모르겠다.

도진이는 평소와는 달리 심각한 표정으로 상담실 문으로 들어섰다. 또래보다 키도 덩치도 작고, 순한 성격에 귀염성도 있어서 늘 생글거리며 다니던 도진이답지 않은 일이었다. 아무래도 심상치 않은 일이 생긴 것 같았다. 나는 걱정스런 얼굴로 물었다.

"또 삥 뜯겼냐?"

원래 체구가 작고 얌전한 아이들은 키 좀 크고 억센 남자아이들에게 밥 같은 존재가 되기 쉽다. 그래서 도진이 역시 아이들에게 종종 삥을 뜯기곤 했다. 다행히 한 아이의 도움으로 삥의 굴레에서 벗어날 수 있었지만 그 문제는 늘 도진이를 따라다니며 괴롭혔다. 이런 문제를 무척이나 속상해하던 도진이를 정공법으로 건드린 것은 도진이가 말을 할 수 있는 통로를 열어 주기 위해서였다. 특히 도진이처럼 자신을 감정을 표현하는 데 소극적인 아이들에겐 누군가가 먼저 자리를 깔아 줘야 한다.

"아이참, 그런 거 아니에요."

"아니야? 그럼 혹시 초딩들 삥 한번 뜯으려다 망신살 당한 거야? 딱 그럴 때 나오는 표정인데?"

"쌤! 하나도 재미없거든요? 저 지금 그런 농담할 기분이 아니란 말이에요."

바쁘거나 그냥 얌전하거나

나는 도진이가 발끈하는 모습이 귀여워서 소리 내어 낄낄 웃었다. 도진이는 킥킥거리는 내가 못마땅한지 눈을 모로 세우고 쏘아봤다. 보통 남자아이라면 능구렁이처럼 내 말을 되받아쳤을 텐데, 도진이는 새침한 여자아이처럼 반응했다. 나는 그게 재밌으면서도 한편으론 걱정되었다. 왜냐면 저런 반응은 거친 남자아이들에게 최고의 먹잇감이 되기 때문이다. 그래서 도진이가 남자아이들의 농담이나 말장난에 유연하게 대처할 수 있는 면역력을 키울 수 있도록 내 나름대로 면역 주사를 꾸준히 놓아주고 있었다. 가끔은 거친 쌍소리를 섞어 걸쭉한 농담을 던지기도 했고, 약간의 성적인 코드가 섞인 음담패설도 아무렇지 않은 듯 날리곤 했다. 그럴 때마다 도진이는 얼굴이 시뻘게지며 아무 대답을 하지 못했다. 그러면서도 머쓱한 웃음으로 답례하는 건 잊지 않았다. 하지만 오늘은 그런 농담을 던질 분위기가 아닌 듯했다.

어쨌든 다시 삥을 뜯기는 불상사가 일어난 게 아니라니 다행이다. 도진이는 다시 시무룩해지더니 조심스럽게 이야기를 시작했다.

"쌤, 있잖아요. 시골에 있는 친구네 친척 집에서 며칠 자고 오는 걸 어떻게 생각하세요?"

"응? 뭘 어떻게 생각해? 갈 수 있음 가는 거지."

"그게 아니라요, 그래도 되는지 해서요. 좋은 일인지 나쁜 일인지 잘 모르겠어요."

"인마, 좋고 나쁘고가 어디 있어? 도진이 네가 가고 싶으냐 아니냐가 중요하지. 네가 가고 싶으면 가는 거고 아님 말면 돼. 뭐가 문제야?"

"그게 그렇게 단순한 일이에요?"

도진이는 다시 심각한 표정으로 뭔가를 생각했다. 내 말이 자신이 생각하던 것과는 다른 모양이었다. 나도 도진이가 그런 질문을 하는 이유가 뭔지 짐작하기 어려웠다.

"너 누구랑 놀러 가기로 했어?"

"실은요, 동희 아시죠? 동희랑 몇몇 애들이랑 해서 동희 할아버지 댁에 놀러 가기로 했어요. 다른 애들은 작년에도 갔다 왔다고 하는데 무척 재밌었대요. 나무에 달린 과일도 따 먹고 옥수수도 구워 먹고, 밤엔 개천에 나가 수영도 하고 낚시도 했대요. 드라마에서나 보던 일을 진짜로 했다는데, 약간 뻥 같기도 하고…. 전 그런 걸 한 번도 안 해 봤거든요. 쌤은 그런 거 해 보셨어요?"

"당연하지. 이 쌤은 산에 가서 뱀도 잡아 봤는데? 너 뱀이 얼마나 맛있는지 모르지?"

물론 뻥이다. 친구 할아버지가 뱀을 잡는 걸 보고 기겁을 하며 도망친 적은 있다. 하지만 모험을 꿈꾸는 아이에게 이 정도 뻥은 쳐 줘야 말발이 먹힐 수 있기에 가끔씩 이런 과장을 섞어 줘야 한다. 뻥의 효력 때문인지 몰라도 도진이가 갑자기 경외감과 존경의 눈빛으로 나를 바라보기 시작했다.

"우와, 쌤 정말 대단하네요. 그러면 애들 말이 완전 뻥은 아니겠네요? 과수원 같은 데 가면 진짜 그렇게 놀 수 있어요? 완전 신기하다."

"쌤은 말이야, 친구들이랑 그런 델 가면 꼭 텐트를 가지고 갔어.

마당에 텐트 쳐 놓고 자면 꼭 야영 온 것 같거든. 개울에서 잡은 물고기를 큰 솥에 넣어 어죽이란 걸 끓여 먹었는데, 그게 어찌나 맛있던지…. 요즘 식당에서 파는 매운탕은 완전 저리 가라야. 캬, 나도 이번 여름엔 거기 가서 어죽이나 끓여 먹을까?”

여기에도 약간의 뻥이 가미되었다. 물고기를 잡아 어죽을 끓인 건 맞지만, 우리가 만든 건 사람이 먹을 수 있는 음식이 아니었다. 광주리를 옆에 끼고 밭에서 돌아오는 친구 이모의 손길을 거치고 나서야 맛있는 음식으로 재탄생할 수 있었다. 과정이야 어찌 되었든 맛있는 어죽을 먹은 건 사실이었다. 그런 얘기를 듣는 도진이는 이미 방학이 되어 친구들과 시골에서 놀고 있는 듯했다. 상상만 하는데도 표정이 행복해 보였다.

“동희도 그랬어요. 마당에 텐트 치고 놀면 더 재밌다고요. 아, 진짜 재밌겠다.”

“그럼 가. 같이 가기로 약속했다며.”

이 말이 도진이에게 찬물을 끼얹게 되었는지 도진이는 갑자기 고개를 푹 떨궜다. 나는 그때까지 그렇게 고뇌에 찬 도진이의 모습을 본 적이 없었다. 아이들에게 돈을 뜯기는 문제로 고민했을 때도 눈물을 글썽이며 속상해했지만 이 정돈 아니었다. 생각보다 도진이는 무척 진지하고 심각했다.

“실은요, 쌤. 정말 가고 싶어요. 부모님이랑 여행 간 적은 많지만 친구들이랑 그런 델 간 적은 한 번도 없었거든요. 근데요, 아마 엄마가 허락 안 해 주실 거예요. 우리 엄만 친구 집에서 자는 것도 안 된다고 하시거든요. 밥은 아무 데서나 먹어도 되지만 잠은 꼭 집에서 자야 한다면서요. 그리고 특별한 사정이 없으면 남의 집에 폐 끼치는 일은 하면 안 된다고 하세요.”

성숙한 어른으로 성장하길 원한다면
선택권을 돌려줘라

도진이의 말을 듣고 있으니 내 가슴이 답답해졌다. 아까 도진이가 어떤 맘으로 그런 질문을 했는지 알 것 같았다. 도진이 어머니는 자기 세계가 아주 확고하다. 그 세계를 구성하는 원칙들이 확실하고 그걸 아주 모범적이고 훌륭하게 실천하는 어른이다. 다만 문제가 있다면 그 원칙들이 좀 많다는 것과 그것을 도진이도 지켜 줄 것을 요구한다는 것이다. 잠은 꼭 집에서 자야 한다는 도진이 어머니의 원칙이 잘못된 건 아니다. 되도록 그렇게 하는 것이 좋다. 하지만 나처럼 나쁜 일만 아니면 뭐든 해 보는 게 좋다는 원칙을 가진 사람들은 이해하기 힘든 일이다. 그 원칙 때문에 중학교 2학년이 될 때까지 친구 집에서 한 번도 못 자 봤다는 게 말이 되는가. 솔직히 납득하기 힘들었다. 사실 친구 집에서 자고 안 자고가 중요한 게 아니다. 중요한 사실은 아이에게 선택권이 없다는 점이다. 어쩌면 도진이가 정말 고민하는 건 어머니의 확고한 원칙 때문에 자신의 박탈된 선택권을 주장해도 되는 것인지에 대한 갈등인지 모르겠다.

"도진아, 어머니한테 친구들이랑 놀러 가고 싶다고 말해 봤어?"

도진이는 고개를 푹 숙인 채 천천히 가로저었다.

"말도 안 해 보고 미리 안 될 거라고 단정 짓는 건 별로 좋지 않아. 쌤은 말이야, 친구 집에서 자거나 친척 집에 놀러 가는 걸 적극적으로 찬성해. 여건만 되면 가라고 등 떠밀고 싶어. 친구들이랑 밤새 이야기하고 맛있는 것도 먹고…. 얼마나 좋니? 그러니 어머니 때문에 네가 미리 포기하지는 말았으면 좋겠다."

솔직히 말하면 뭐 그런 걸 갖고 고민하느냐고 호통치고 싶었다. 부모가 반대한다는 이유로 아무것도 안 하고 그냥 포기하는 건 바보 같은 짓이라고 한마디 해 주고 싶었다. 언제까지 부모가 허락하는 것만 하면서 어린애처럼 살 거냐고 캐묻고 싶었지만 내 입장에서 그런 말을 함부로 할 수는 없었다. 이건 아이에게 부모의 뜻을 거역하라고 충동하는 것밖에 안 될뿐더러, 행여 나중에 문제가 생기면 그 폐해가 고스란히 나에게 돌아올 수 있는 위험한 일이기 때문이다.

도진이는 한참 동안 고개를 숙인 채 있다가 힘없는 목소리로 가슴속 이야기들을 털었다.

"저도 그러려고 했는데요. 엄마가 가라고 한 캠프 날짜하고 겹쳐요. 원래는 다음다음 주에 가기로 했는데, 엄마가 학원 때문에 다음 주로 바꿨대요. 그런데 전 그것도 모르고 동희랑 다음 주에 놀러 가기로 이미 약속해 버렸어요. 캠프 안 가고 동희랑 놀러 가겠다고 하면 엄마가 허락해 줄까요?"

도진이의 말을 듣고 있자니 나도 모르게 한숨이 나왔다. 친구 집에서 하룻밤 자는 것도 안 되는데 캠프 빠지고 친구랑 놀러 가는 걸 허락해 줄 도진이 어머니가 아니다. 나라도 말 꺼내기가 쉽지 않은 상황이었다.

"그러면 친구들이랑 놀러 가는 날짜를 바꾸면 어떨까? 서로 얘기해 보면 조절이 될 것도 같은데….."

"아마 안 될 거예요. 이 날도 겨우겨우 잡은 거예요. 형수는 다음다음 주에 아버지 휴가라서 안 되고, 석호도 무슨 일이 있다고 했어요. 그리고 할아버지한테 미리 말해 놨는데, 나 땜에 또 바꾸자고 하면 동희가 곤란할 거예요."

잉여 시간이라는 거름 없이
사람은 성장하지 못한다

이번에는 나와 도진이가 동시에 긴 한숨을 '휴' 하고 내쉬었다. 도진이 말대로 아이들끼리 시간 맞추는 게 여간 어려운 일이 아니다. 내가 어렸을 땐 학원을 다니거나 과외를 하는 아이들이 별로 없어서 남아 도는 게 시간이었다. 있을 만한 장소와 여비가 문제였지, 마음만 맞으면 시간 같은 건 문제가 되지 않았다. 하지만 요즘은 각자 일정이 빠듯해서 서로 시간 맞추는 것부터가 난제다. 이제 와서 날짜를 바꾸자는 건 안 가겠다는 말이나 같은 뜻이다.

"어휴, 참 난감한 일이네. 그래서 넌 어떻게 하고 싶은데?"

도진이는 고개를 푹 숙인 채 어깨를 들먹이며 끅끅 소리를 내어 울기 시작했다. 이만한 일로 우냐고 한 소리 하고 싶었지만 도진이처럼 소심한 아이에겐 이만한 일이 아니라 며칠 동안의 맘고생은 물론 울어야 할 만큼 대단한 일이었다.

"전…, 정말 가고 싶어요. 진짜로 가고 싶어요. 친구들 말처럼 그렇게 놀고 싶어요. 기말고사 전부터 계획한 일인데…. 내가 가져가기로 한 것도 많은데…. 이제 와서 못 간다고 하면…, 완전 역적이 될 텐데…. 전 그 애들이랑 친해지고 싶어요. 동희하고 정말 친해지고 싶어요…."

내가 건네준 휴지로 눈물과 콧물을 닦으며 도진이는 힘들게 말을 이었다. 대체 무엇 때문에 이 아이가 눈물 콧물을 흘려 가면서 이런 하소연을 해야 하는지 답답하기만 했다. 아무리 생각해도 친구와 놀러 가는 일이 이렇게 질질 짜면서까지 고민해야 할 만큼 중요한 것인지 쉽게 이해하기 힘들었다. 맞다. 이건 울고 짜고 할 일이 아니다. 부모와 정면 대응해야 할 문제다. 부모가 정해 둔 가이드라인을 놓고 이에 대해 토론하고 타협해서 그 선을 확장시켜야 하는 일이다.

"도진아, 내가 지금부터는 선생님이 아니라 인생 선배로서 얘기할게. 세상을 살다 보면 말이야, 자신이 원하는 것과 다른 사람들이 원하는 게 서로 다를 때가 많다는 걸 알게 돼. 일반적으로 사람들이 원하는 건 필요한 일, 해야 할 일, 효율적인 일들이야. 그래서 거기에만 맞추다 보면 자꾸 자기가 진짜 원하는 걸 미루게 돼. 미루고 미루다 보면 어느 순간부턴 내가 뭘 원하는지를 잊어버리게 되지. 근데 도진아, 자신이 원하는 걸 미루는 가장 큰 이유가 뭔지 알아? 자신이 원하는 걸 이루기 위해 다른 사람들과 부딪히는 게 싫고 두렵기 때문이야. 잔소리 듣고 혼나는 게 싫고, 굳이 이렇게 하면서까지 내가 원하는 걸 이뤄야 하나 싶은 회의감도 들고. 그래서 나중에는 꼭 해야 할 일이 아닌 것 같다는 생각도 하게 돼."

도진이는 여전히 고개를 떨군 채 힘없는 끄덕임만 반복했다. 힘들어 보였지만 나는 계속 말을 이어 갔다.

"근데 사실 그건 도망가는 거야. 세상엔 해야 할 일, 필요한 일이라고 정해진 건 없거든. 때론 내가 원하는 일이 꼭 필요한 일이 될 때도 있어. 쌤이 보기에 지금은 어머니가 아니라 네가 원하는 일을 하는 게 너에게 진짜 필요한 일인 것 같아. 물론 네 어머니의 생각이 더 합리적이고 너에게 도움이 되는 게 많을 거야. 어머니는 이미 세상을 경험해 봤으니까 너에게 이로운 것들, 필요한 것들을 많이 알고 계시거든. 하지만 그렇다 해서 네 생각은 틀리고 나쁘고 불필요한 건 아니야. 동희랑 할아버지 댁에 놀러 가겠다는 생각은 잘못된 게 아니란 말이지. 그 문제에 대해선 그냥 너와 어머니의 의견이 다를 뿐이야. 그러니까 어머니와 얘기를 해 봐야 해. 힘들겠지만 용기를 갖고 노력을 해야 네가 원하는 걸 얻을 수 있어. 안 그러면 지금까지 그래 왔던 것처럼 어머니가 허락하는 것만 하면서 살게 될 거야. 네가 그걸 원하는 게 아니라면 용기를 내서 어머니의 세계와 한번 부딪쳐 보는 건 어때? 울고불고하지 말고, 어린애처럼 조르지 말고, 네 생각을 차분하게 말해 봐. 쌤은 네가 이제 그럴 때가 되었다고 생각한다."

결국 나는 울컥하는 마음에 위험한 말을 해 버리고 말았다. 인생 선배로서 말하는 게 속은 시원할지 모르지만 뒷감당할 생각을 하니 벌써부터 걱정이 되었다. 하지만 충동질이나 다름없는 내 말에 도진이는 깊은 감명을 받고 꽤나 고무된 듯했다. 상기된 얼굴로 눈을 반짝이며 "네, 쌤 말대로 엄마한테 한번 이야기해 볼게요"라고 말했다. 그리고 나서 어머니와의 일전을 당장이라도 치르려는 듯 급히 문을 나섰다. 도진이의 뒷모습을 바라보며 나도 모르게 '케세라 세라'를 흥얼거렸다. 그래, 까짓것 내 밥줄 걸고 도진이 한번 도와주자!

도진이는 지금 어머니가 그어 놓은 선 위에 서 있다. 예전에는 감히 넘을 생각조자 못했던 그 선 위에 서서 그것을 넘어야 할지 말아야 할지를 고민하고 있다. 처음부터 그 선을 넘겠다고 결심한 건 아니었다. 하지만 이건 너무나도 자연스러운 일이다. 아이가 성장한다는 건 부모의 세계를 뛰어넘는다는 일. 도진이는 지금 새로운 세계로 진입하려고 한다. 그러면서 자신의 세계를 새롭게 구축하고 확장시켜 나갈 준비를 하고 그 출발점에 서 있다.

하지만 요즘 부모들 중에는 그런 사실을 인정하지 않고 아이를 오직 자신의 세계에만 가두려는 사람들이 많다. 자신이 알고 있는 상식과 경험으로 만들어진 가이드라인 안에서만 놀길 바라며 그 선을 넘는 걸 금기시한다. 만약 아이가 선을 넘을 것 같으면 그 선을 두껍게 덧칠하여 이탈을 막기도 한다. 하지만 그들이 만든 세계가 뭐 얼마나 대단하겠는가. 자기 인생을 살기엔 충분할지 몰라도 아이가 성장하기엔 너무나도 협소하고 얕다. 때문에 그 선은 아이가 성장하면서 자연스레 무너질 수밖에 없다. 이러한 사실을 부모는 자연스럽게 받아들여야 하고, 아이 역시 용감하게 그 선을 넘을 수 있어야 한다. 그래야 부모의 세계에 종속되지 않고 자신의 세계를 가진 당당한 사람으로 성장할 수 있을 것이다.

나는 도진이가 용감하게 그 선을 넘기를 바란다. 어쩌면 선을 넘지 못하고 한발 뒤로 빼야 하는 상황이 벌어질 수도 있다. 하지만 실망할 일은 아니다. 자신을 둘러싼 선을 확인한 것만으로도 도진이에게 큰 소득이라 생각한다. 그리고 설령 지금은 못 넘더라도 언젠간 넘게 될 것이다. 지금처럼 내가 등 떠밀지 않아도 자연스럽게 그 선을 넘을 날이 올 것이다. 그것도 머지않아 말이다.

'친구'에 대한
부모의 시계

부모들은 거의 다 역사 왜곡의 천재다

교육 컨설턴트 일을 해 오면서 좌우명처럼 여기고 있는 속담이 하나 있다. 그것은 '개구리 올챙이 적 생각 못한다'라는 속담이다. 이 일을 하면서 가장 어려운 점이 있다면 부모와 아이, 양쪽의 이해와 요구와 비위를 다 맞춰야 한다는 것이다. '미션 임파서블'에 가까운 요구와 까다로운 심기로 내 밥줄을 쥐고 흔들지만 그래도 부모들의 입장과 마음을 충분히 이해할 수 있다. 나 역시 그들과 같은 부모이고 그들과 같은 연배이기 때문이다. 문제는 아이들이다. 어른의 눈으로만 본다면 요즘 아이들이 쓰는 외계어 같은 말과 어디로 튈지 모르는 심리 상태는 절대 이해할 수 없다. 그들을 이해하기 위해선 내가 그 나이였을 때로 돌아가 봐야 한다. 올챙이 시절로 가 봐야 아이들의 마음을 알 수 있고, 그들이 하는 해괴한 말과 이상한 행동을 이해할 수 있다. 왜냐면 나도 그때는 그들과 비슷했으니까.

나의 학창 시절로 거슬러 올라가면 지금과는 달리 나는 철없고, 미숙하고, 실수투성이였다. 아마 대부분 그럴 것이다. 그러나 '개구리 올챙이 적 생각 못한다'라는 속담처럼 어른이 되면 자신의 과거는 싹 다 잊어버린 채 마치 원래부터 이랬던 거라고 생각해 버린다. 아니, 생각하는 게 아니라 착각해 버린다. 이 착각 때문에 아무 때나 뻔뻔스럽게 오리발을 척척 내미는 우를 범하기도 한다.

내 친구 중에 삼신할머니의 축복을 너무나도 일찍 받아서 20대 중반에 아버지가 된 친구가 있다. 하루는 이 녀석이 친구들이 모인 자리에서 하향 평준화로 일관하는 중학생 딸아이의 성적표에 대한 걱정과 불만을 털어놓으며 한숨을 푹푹 내쉬었다. 대체 누구를 닮아 이렇게도 공부를 못하는지 모르겠다는 둥 나는 이 정도까지는 아니었다는 둥 우리 앞에선 절대로 해서는 안 되는 말까지 아무렇지 않게 내뱉었다. 그 말에 우리 모두 발끈하면서 입을 모아 이렇게 외쳤다.

"이런 뻔뻔한 녀석 같으니! 우리는 너의 중학교 성적을 알고 있다고!"

중학교 시절 그 친구의 성적은 맨 뒤에서 세어야 하는 수준이었다. 그것도 두 손까지 필요 없고 한 손만 있으면 셀 수 있는 정도였다. 얘길 들어 보니 딸의 성적은 아버지보단 훨씬 나았다. 녀석이 자신의 과거를 그렇게까지 망각하지 않았더라도 우리 앞에서 그런 망발을 할 수 없었을 것이다. 그랬더라면 성적 때문에 딸과 싸우는 일도 없었을 것이다.

이처럼 부모가 되면 단체로 까마귀 고기라도 구워 먹은 듯 자신의 올챙이 적 시절을 까맣게 잊어버린다. 그리고 자기는 마치 어렸을 때 그런 어리석고 유치한 짓 따위는 하지 않는, 아주 영민하고 모범적인 아이였다고 말한다. 하지만 가슴에 손을 얹고 자신의 어린 시절을 찬찬히 떠올려 봐라. 분명 지금 우리 아이가 하고 있는 못마땅한 행동들, 이해할 수 없는 말들, 어리석고 유치한 짓을 하고 있는 그 당시의 자신을 발견할 것이다. '나도 어렸을 땐 그랬지'라는 사실을 인정하고 나면 아이의 마음과 행동을 너그러이 이해할 수 있을 거다. 어쩌면 부모가 이런 태도를 지니는 것이야말로 둘 사이에 생긴 시차를 줄이는 가장 좋은 방법일지도 모른다. 하지만 안타깝게도 자신의 어린 시절을 뒤돌아보며 아이의 마음을 이해하려고 애쓰는 부모는 별로 없는 것 같다.

내 말에 지나치게 고무되어 버린 도진이는 어머니와 정면 대응이 아니라 정면충돌을 해 버렸다. 고기도 먹어 본 사람이 그 맛을 알듯, 반항도 한 번이라도 해 본 아이들이 요령껏 잘하는 법. 어느 정도까지 밀어붙였다가 적절한 선에서 부모와 타협을 해야 하는데, 초보 반항아인 도진이는 다짜고짜 돌진해 버린 모양이었다. 평소 도진이 어머니는 다른 아이들은 다 그래도 내 아들은 절대 안 그럴 거라고 철석같이 믿어 왔기에 이번 일로 받은 충격이 이만저만이 아닌 것 같았다. 어머니는 분노와 경악과 흥분 상태를 가라앉히지 못한 채 나를 찾아왔다. 그래도 도진이 녀석이 의리는 있어서 자신을 부추긴 게 나라는 사실은 말하지 않았나 보다. 문제는 어머니가 도진이를 삐뚤어지게 만든 주범으로 동희를 지목하고 있다는 거였다.

"선생님, 우리 도진이가 근래에 너무 변했어요. 아무래도 요새 도진이가 어울려 다니는 애들한테 문제가 있는 것 같아요. 이번 방학에 미리 신청해 놓은 과학 캠프도 안 가고 동희라는 친구랑 놀러 간다고 생떼를 쓰지 뭐예요. 지금까지 이런 적이 한 번도 없는 애였는데…."

드디어 이 답답한 녀석이 용기를 냈구나 하는 생각이 들었지만 짐짓 모르는 척하고 씩씩거리는 도진이 어머니의 푸념에 맞장구치기로 했다.

“그래요? 안 그래도 얼마 전에 방학 때 친구랑 놀러 가고 싶다고 하던데…. 그게 캠프 날짜랑 겹쳤나 봐요? 애들이야 아무래도 친구랑 놀러 가는 게 더 당기겠죠. 하하하.”

나의 어색한 웃음은 이내 사그라졌다. 도진이 어머니의 미간이 점점 찌푸려지는 걸 봤기 때문이다.

“전에는 내 말에 말대답 한 번 안 하던 아이였어요. 근데 그 동희란 애랑 어울리더니 이상해졌어요. 듣자 하니 동희란 아이는 공부엔 일절 관심 없고 매일 PC방이나 돌아다니더라고요. 수학여행 가서는 담배 피우다 걸렸다고 하던데…. 어휴, 그런 불량한 애가 우리 도진이를 저렇게 물들인 것 같아요. 이를 어쩌면 좋죠?”

이런! 일이 또 엉뚱한 방향으로 틀어지기 시작했다. 도진이 어머니는 자녀와 겪고 있는 문제를 밖에서만 찾으려고 했다. 내 잘못도 우리 아이의 잘못도 아니라고 말하면서 제3자에게 그 책임을 넘겨씌우는 것. 아주 심플하면서도 속이 후련한 방법이기에 요새 엄마들이 자주 애용하는 문제 해결 방법 중 하나가 되었다.

“글쎄요. 도진이가 동희 얘길 자주 하는데, 얘길 들어 보면 동희는 어머니가 생각하시는 것처럼 나쁜 애가 아닌 것 같아요. 아시는지 모르겠지만 전에 도진이가 애들한테 삥 뜯기고 다닐 때 동희가 옆에서 많이 커버해 줬다고 해요. 그래서 도진이가 속으로 무척 고마워하고 있고요. 동희가 공부는 좀 못해도 불량 청소년까지는 아닌 것 같던데요?"

"어휴, 선생님이 그걸 어찌 알겠어요. 밖에서 애들이 무슨 짓을 하고 돌아다니는지…. 저는요, 동희가 도진이를 도와줬다는 게 곱게 들리지 않아요. 도진이 돈 뺏은 애들이 알고 보면 동희랑 결국 한 패거리나 마찬가지잖아요. 겉으로는 잘해 주는 척하면서 뒤로는 어떤 호박씨를 까는지 어떻게 알아요? 우리 도진이가 순하고 맘이 약해서 그런 애들이 이용해 먹기 딱 좋은 애거든요. 뭐 하자고 하면 거절도 못하고 끙끙 앓는 스타일이라 정말 걱정돼요. 요즘 중학생들은 도통 예전 같지가 않아서 별의별 이상한 짓을 다 하고 다닌다는데…."

도진이 어머니의 거침없는 푸념에 속에서 뭔가가 부글부글 끓어오르기 시작했다. 하지만 가라앉혀야 한다. 언제쯤 나는 내 속에 있는 말들을 속 시원히 전할 수 있을까?

애들의 친구를 다 없애면 일이 해결될까?

부모들 중에는 세상이 자기를 중심으로 돌아간다고 생각하는 사람들이 가끔 있다. 그들은 모든 상황을 자신이나 자신의 아이에게 유리하도록 해석하거나 아니면 아이가 잘못한 일을 누군가의

협박이나 사주에 의해 어쩔 수 없이 저지르게 되었다고 말하곤 한다. 내 아이는 피해자이며, 모든 잘못의 원인을 '나쁜 친구' 탓으로 돌려 버리는 것이다. 내 아이는 착한데 나쁜 친구 때문에 잘못되었다고 주장하는 '나쁜 친구 패가망신론'이야말로 부모들의 이기심을 보여 주는 극치라고 생각한다. 그들의 논리에 따르면 자기 아이 빼고 나머지는 모두 나쁜 아이가 된다. 그래도 그렇지, 도진이 어머니의 주장은 도를 넘어선다. 다른 아이도 아니고, 동희는 도진이가 돈을 뜯기는 걸 막아 준 아이다. 도진이 어머니 입장에선 정말 고마워해야 할 아이인 것이다.

"어머니께서 지금 동희에 대해 뭔가 오해하고 계신 것 같아요. 저도 동희를 몇 번 봤는데 결코 불량하거나 이상한 애가 아닙니다. 수학여행 때 담배 피우다 걸린 건 맞지만, 그 또래 아이들은 호기심에 한두 번씩 다 그런 일을 해요. 그리고 동희는 도진이를 이용해 먹거나 협박 같은 짓을 할 아이가 아니에요. 의협심이 많아서 왕따를 당하거나 괴롭힘 당하는 아이들을 많이 도와준다고 들었어요. 그래서 아이들도 무척 좋아하고, 선생님들도 신뢰한다고 하더라고요."

내가 단단히 정색하고 동희를 두둔하자 도진이 어머니는 잠시 주춤했다. 자신의 주장이 좀 과했다고 생각하는 것 같았지만 그렇다고 조금도 물러설 것 같진 않았다.

"물론 그 아이도 좋은 점이 있겠죠. 하지만 동희라는 아이 때문에 우리 도진이가 이상하게 변했다는 게 문제에요. 그 아이하고 사귄 후부터는 학원 끝나고 바로 집에 안 들어와요. 밤늦게까지 카톡질만 하고…. 예전엔 안 그랬는데 요새 들어 점점 말도 안 듣고 이상한 짓을 하려고 하더라고요. 그렇지 않아도 마음에 안 들었는데, 캠프에 안 가겠다니요. 어떻게 친구랑 놀러 가려고 캠프에 안 가겠다고 할 수 있는지…. 첨엔 웃음이 나더니 이젠 하도 기가 막혀서 웃음도 안 나와요."

정말 기가 막히는지 도진이 어머니 얼굴이 시뻘겋게 상기되었다. 그런데 그 말을 듣고 있는 나도 점점 기가 막히는 것 같았다. 대체 도진이 어머니는 언제까지 도진이가 자신의 말을 따를 거라고 생각하는 걸까?

애들은 언제 변할지 모른다. 어제까진 안 그랬지만 오늘부턴 변할 수 있다. 지금 도진이는 한창 변화의 과정에 놓여 있다. 따라서 예전에 그랬으니까 앞으로도 계속 그럴 거라고 생각하는 건 부모의 어리석은 욕심이다. 그건 도진이가 앞으로도 계속 성장하지 않기를 바라는 것과 같다. 열다섯 살이면 아이에서 어른으로 성장해 가는 나이다. 성장은 곧 변화를 의미한다. 그런데 그 변화가 부모 마음에 들지 않는다고 변화 자체를 부정해서는 안 된다. 그런데 도진이 어머니는 자신의 기대와는 다르다는 이유로 도진이의 변화 자체를 부정하고 있다. 그것도 동희라는 아이를 핑계로.

"아마 도진이가 캠프에 가기 싫어서 그렇게 말한 건 아닐 거예요. 친구들과 약속한 날짜가 겹쳐서 지키지 못할까 봐 좀 과격해진 모양인데, 혹시 캠프 날짜를 변경할 수는 없나요? 그러면 둘 다 가능할 텐데요."

"선생님, 그게 무슨 말씀이세요? 캠프 날짜를 미루라니…. 왜 그래야 하는데요? 선생님은 우리 도진이가 동희 같은 애랑 놀러 가는 걸 찬성하시는 거예요?"

아무래도 안 되겠다. 도진이 어머니는 도진이의 친구 관계를 부정하고 있어서 그와 관련된 모든 행동을 다 쓸데없는 일로 여기고 있다. 이럴 땐 가벼운 충격이 필요하다. 엄마들이 귀를 쫑긋 세울 때는 단 두 가지, 성적 올리는 방법을 들을 때와 이대로 두면 자식이 더 나빠질 수 있다는 협박성 멘트를 들을 때다. 나는 몸을 바짝 당겨 도진이 어머니 얼굴을 똑바로 쳐다보며 이야기를 시작했다.

"어머님께서 못마땅하게 여기시는 걸 알겠습니다만, 이 점을 한번 생각해 보셨으면 합니다. 친구들과 약속한 걸 지키지 못했을 때 도진이 입장이 어떨까요? 가벼운 약속도 아니고, 또 방학 전부터 계획한 일인데 이제 와서 엄마가 반대해서 못 간다고 말하면 도진이 체면은요? 말이 아닐 겁니다. 그런 상황에서 사실 중학생 남자아이가 엄마가 반대해서 빠진다고 하면 마마보이냐는 소리를 듣기

십상이거든요. 남자애들은 그런 말을 정말 싫어해요. 왠지 친구들한테 어린아이 취급을 당하는 것 같은 기분이 들거든요. 또 나중엔 친구들 사이에서 무능력한 아이로 찍힐 수도 있어요. 왕따를 당하거나 그런 건 아니겠지만 그런 말이 돌기라도 하면 학교생활이 힘들어질 겁니다. 무엇보다 도진이 입장에선 무척 자존심 상하고 체면 구기는 일이 되죠. 이건 어머님이 생각하시는 것보다 훨씬 중요한 일입니다. 동희랑 노는 게 마음에 안 드시겠지만, 그것보단 친구들 사이에서 도진이의 자존심이나 체면을 세워 주는 게 더 중요하지 않을까요? 그 자존심과 체면이 뭉개지는 순간, 눈에 뵈는 게 없어질 겁니다. 그걸 지키기 위해 심하게 반항할 수도 있고요. 어른들 눈에는 별거 아닌 것처럼 보이겠지만 아이들 사이에선 그 나름대로 큰 의미가 있어요."

나쁜 친구가 더 많다는 부모들의 편견을 어찌할 것인가

도진이 어머니는 내가 도진이의 약점을 건들자 살짝 당황하는 듯했다. 그러고는 잠시 고개를 돌려 다른 곳을 바라보았다. 하지만 자신의 생각을 물리기보단 내 말에 반박할 뭔가를 찾고 있는 것처럼 보였다.

"선생님 말씀이 원론적으론 다 맞아요. 하지만 제가 동의하기 힘든 부분은요, 전제가 틀린 것 같아요. 선생님 보시기에 동희랑 어울리는 애들이 좋은 아이들이라고 보세요? 제가 보기엔 아니에요. 전 도진이가 그런 애들이랑은 안 어울렸으면 좋겠어요. 좀 괜찮은 아이들이랑 가겠다고 하면 제가 이렇게까지 기막혀 하지 않았을 거예요. 제가 이번에 도진이한테 실망한 건 동희 같은 애들이랑 어울리는 거예요. 친구를 보면 그 사람을 알 수 있다고 하는데, 그러면 우리 도진이가 동희 같은 아이 수준밖에 안 된다는 거잖아요. 솔직히 그 아이들이 도진이한테 이상한 소리를 한다고 해서 크게 신경 쓸 일은 아니라고 봐요. 좀 과격한 얘기긴 하지만, 도둑놈한테 나쁜 놈이란 소릴 들었다고 이게 속상할 일인가요? 도둑놈이 생각하는 나쁜 놈이란 좋은 사람이라는 의미잖아요. 전 그런 아이들이 우리 도진이를 친구 취급하면서 같이 어울리는 그 자체가 너무 싫고 속상해요. 선생님도 아이가 나쁜 친구들이랑 어울리면 기분 좋으시겠어요? 만약 도진이가 선생님 아이라면 캠프에 안 가고 동희 같은 애랑 놀러 가는 걸 허락하시겠어요?"

하마터면 "저 같으면 당연히 보내죠. 이게 뭐 고민하고 자시고 할 일인가요"라는 말이 입에서 튀어나올 뻔했다. 도진이 어머니가 '도둑놈'이란 말을 거론하면서 은근슬쩍 동희를 도둑놈에 준하는 나쁜 아이로 보는 순간, 나의 분노지수가 급상승하기 시작했다. 대체 무슨 근거로 동희를 그렇게까지 나쁜 아이라고 단정 짓는지 따져 묻고 싶었다. 확실한 근거와 이유도 없으면서 그렇게까지 아이를 매도하는 게 어른으로서 도리냐고 한마디 쏘아붙이고 싶었다. 하지만 밥줄의 힘은 상당했다. 다행히도 그 힘이 내 입을 다물게 해 주었다.

사실 그렇게 물어볼 필요도 없는 게 싫은데 무슨 이유가 있으며, 마음에 안 드는 데 뭐 그리 대단한 이유가 필요하겠는가. 여기서 내가 아무리 "동희는 나쁜 아이가 아니에요"라고 말해 봤자 도진이 어머니를 설득시킬 수는 없을 것이다. 도진이 어머니에게 동희는 내 아이가 절대 어울려서는 안 되는 나쁜 아이일 뿐이다. 이 상황에서 내가 할 수 있는 일은 나도 모르게 자꾸만 일그러지는 얼굴 근육을 관리하면서 마음속으로 동희에게 미안해하는 수밖에 없다. 비록 내 잘못은 아니지만 아무 이유도 없이 누군가에게 비난받고 매도당하는 동희를 떠올리니 가슴이 아려 왔다. 그리고 무엇보다 어른으로서 정말 미안했다.

"선생님도 아시겠지만 지금 시기에 친구 사귀는 게 정말 중요하잖아요. 친구 하나 잘못 만나서 잘못된 길로 빠지는 아이들이 얼마나 많아요. 친구가 많다고 좋은 게 절대 아니잖아요. 또 괜히 이상한 아이랑 어울리다 나쁜 물이나 들면 어떡해요. 제 친구 아이도 그렇게 공부 잘하고 착실했는데, 이상한 애들이랑 어울리기 시작하더니 완전히 변해 버렸어요. 공부도 때려치우고 요즘은 가출까지 한다고 해요. 우리 도진이가 그럴 아이는 절대 아니지만 그래도 혹시 모르잖아요. 노는 아이들과 어울리다 보면 아무래도 영향을 받겠죠. 안 그렇겠어요, 선생님? 전 우리 도진이가 친구를 가려서 사귀었으면 좋겠어요. 좋은 영향을 받을 수 있고 서로 도움을 주고받는 그런 친구요. 공부 잘하는 친구가 옆에 있으면 도진이도 자극을 받고 지금보다 더 열심히 공부할 것 같아요. 놀고 싶다가도 친구가 열심히 공부하는 걸 보면 놀 생각을 접지 않겠어요? 그렇게 서로 좋은 자극을 주면서 선의의 경쟁을 펼칠 수 있는 친구가 좋은 친구라 생각해요. 그래야 또 평생 갈 수 있잖아요.”

대개 부모들은 자식의 친구 관계에서 두 가지를 요구한다. 하나는 “나쁜 친구들과 어울리지 마라”고, 또 하나는 “너보다 나은 친구를 사귀어라”다. 이 요구 사항을 구체적으로 풀어 보면 너보다 공부도 잘하고, 집도 잘살고, 인기도 많고, 선생님한테 칭찬받는 모범생과 친구가 되어라는 얘기다. 현실에서 실현하기 어려운 일종의 희망 사항인 것이다. 자기 아이가 이런 친구와 사귀면서 좋은 영향을 받길 바라는 부모 마음을 누가 탓할 수 있으랴! 하지만 모든 부모의 희망인 ‘내 자식보다 나은 녀석과 친구 되기’라는 이 명제를 따르다 보면 결국 세상 모든 아이가 친구를 사귈 수 없게 된다는 결론에 이르게 된다.

엄마들이 원하는 건 친구는 없어도
인맥이 넓은 사람이 되는 것

전교 5등 하는 아이를 가진 부모 입장에서는 우리 아이가 전교 10등이 아니라 전교 1등을 하는 아이와 친구가 되었으면 할 것이다. 하지만 전교 1등을 하는 아이의 부모는 전교 5등을 하는 아이를 내 아이의 친구 상대로 보지 않는다. 다른 학교의 전교 1등, 내 아이보다 성적이 높은 아이가 친구이길 바랄 것이다. 내 아이의 친구가 될 자격 조건이 어디 공부와 성적뿐이겠는가. 아파트 평수와 부모의 직업을 포함한 가정환경과 성격, 외모까지 다 따지고 들면 내 아이의 친구가 될 만한 아이는 이 세상에 아무도 없다. 결국 부모들의 이기적인 희망 사항을 따르다 보면 내 아이에겐 친구가 하나도 없는 게 된다.

그러면 논리가 이상해진다. 내 자식보다 못난 아이들과 사귀는 건 반대하면서도 더 잘난 아이가 자신보다 못난 내 아이와 친구가 되길 바라는 심리를 어떻게 설명할 수 있을까? 부모들의 이기심이 모두 같다면, 더 잘난 아이의 부모 입장에선 내 자식보다 못난 아이가 내 아이의 친구가 되는 걸 반대하지 않겠는가. 하지만 자식을 향한 이기적인 사랑에 눈이 먼 부모들은 내 자식이 누군가에겐 거부의 대상이 될 수 있다는 걸 인정하지 않는다. 그러면서 자신의 눈에 차지 않으면 다른 사람의 소중한 자식을 함부로 깎아내리고 비난하고 거부해 버린다. 아무리 내 자식이 최고라고 하는 게 부모의 본능이라지만, 도진이 어머니처럼 노골적으로 자신의 이기심을 드러내는 사람은 처음이다. 그 모습을 보고 있자니 어쩜 저리도 자기 자신만 알까 하는 생각이 절로 들었다.

내 새끼가 소중한 만큼 남의 새끼도 소중하다. 내 새끼와 남의 새끼는 경쟁자일 수도 있지만 동시에 동반자이기도 하다. 부모가 해 줄 수 없는 것들을 남의 새끼는 해 줄 수 있다. 그리고 십 대에는 부모가 해 주는 것보다 남의 새끼가 해 줄 수 있는 게 백배 더 많고 더 중요하다. 남의 새끼를 존중하는 것, 그것이 아이를 키우는 부모로서 가져야 할 최소한의 예의고 마음이다.

"솔직히 도진이가 친구 사귀는 데 별로 신경 안 썼으면 좋겠어요. 지금은 공부하는 데에만 집중하고, 나중에 좋은 고등학교나 대학교 가서 그때 많은 친구들을 사귀었으면 해요. 사실 지금 학교 수준을 보면 딱히 도진이가 사귈 만한 친구가 없어요. 외고나 특목고 같은 곳에 진학하게 되면 거기서 친구들을 사귀었으면 좋겠어요. 그 아이들은 공부도 다 잘하고 가정 형편도 어느 정도 될 테니까요. 그런 아이들이 도진이 친구가 되면 안심이 될 것 같아요. 왜 엄마들이 좋은 고등학교, 좋은 대학교에 보내려고 하겠어요. 거기서 사귄 친구들이 나중에 사회에 나가면 좋은 인맥이 될 수 있어서 그런 거잖아요. 사회에서 성공하려면 인맥이 정말 중요하잖아요? 특히 우리나라에선 더더욱 그렇고요. 엄마들이 기를 쓰고 명문고에 보내려는 것도 다 아이에게 좋은 인맥을 만들어 주기 위해서잖아요. 그런데 지금 도진이가 다니는 중학교 아이들 중에는 그럴 만한 아이가 없어요. 동희 같은 아이가 나중에 무슨 도움이 되겠어요. 안 그래요, 선생님? 또 요즘 세상이 얼마나 험해요. 왕따에다 폭력에다…. 청소년 범죄율이 이렇게나 높은데 어떻게 아무하고나 사귀라고 하겠어요. 우리 도진이한테 돈 뜯어 가던 애들 보세요. 선생님이나 저 어렸을 때와는 달리 요즘 애들은 너무나 영악하고 닳아빠졌잖아요? 이런 아이들 틈에서 우리 도진이처럼 순진하고 착한 아이가 어떻게 좋은 영향을 받겠어요. 이래도 제가 도진이를 너무 감싸면서 키운다고 생각하세요? 제 아이는 제가 보호해야지 누가 보호해 주겠어요. 세상이 이렇게나 험한데…. 또 그렇다고 세상 탓만 할 수는 없잖아요. 괜히 도진이 마음대로 하게 내버려 뒀다가 잘못된 길로 빠지고 난 뒤에 후회하면 뭐해요. 그런 일이 일어나지 않도록 미리 관리해야죠."

도진이 어머니의 이야기를 듣는 사이 내 기분은 어이없고 기가 막히는 코스를 지나 분노의 고개를 넘어 걱정의 산맥으로 가고 있었다. 걱정의 대상은 물론 도진이었다. 도진이가 넘어야 할 어머니라는 산은 내가 생각했던 것보다 훨씬 높고 험했다. 앞으로 저 험

난한 산을 넘으면서 도진이가 겪게 될 고난과 상처가 걱정되었다. 그러면서 혹시나 산을 넘는 게 너무 힘들어서 중간에 포기하고 주 저앉을까 봐 염려도 되었다.

도진이 어머니처럼 노골적이진 않지만 이런 생각을 하는 부모 들이 꽤 많다. 그들의 관심은 오직 내 자식의 빛나는 미래다. '미래' 의 달콤한 열매를 얻기 위해 아이는 마땅히 '오늘'이란 시간을 인 내와 노력으로 채워 나가야 한다고 생각한다. 그래서 그들은 '아이 를 위해서'라는 명분으로 아이에게 '꿈'을 지정하고, '성적'을 관리 하고, 심지어 '인간관계'까지 통제하려고 든다. 아이 스스로 마음 에 맞는 친구를 사귀게 두는 것이 아니라 부모가 나서서 마치 물건 을 고르듯 아이에게 도움이 될 만한 친구를 정해 주는 것이다. 인 맥 쌓기 차원으로 말이다. 이렇게 하는 게 사람 보는 안목이 부족 한 아이에게 맡겨 두는 것보다 훨씬 더 안전하고 효과적일 거라고 자기 자신을 합리화한다.

그런데 이 역시 부모들의 헛된 희망 사항에 지나지 않는다. 친구 를 사귀는 게 아니라 인맥을 쌓는 게 과연 효과적인 인간관계가 될 지, 아니 이게 가능할지 의문이다. 옛날엔 부모가 정해 줬다는 이 유 하나만으로 얼굴도 모르는 사람과 부부의 연을 맺기도 했다. 하 지만 이건 부부 관계니까 가능한 것이다. 친구 관계는 다르다. 부부 는 운명 공동체이기 때문에 마음에 안 들어도 서로 노력하면 관계가 유지될 수 있다. 하지만 친구는 어떤 이익을 목적으로 맺어지는 관계가 아니다. 서로 마음이 맞아서 자연스럽게 만들어진 관계가 바로 친구다. 그래서 마음에 안 들거나 서로 맞지 않으면 그 관계는 유지될 수 없다. 즉, 관계 자체가 성립되지 않는다는 뜻이다. 이익을 위해 관계를 맺는 걸 가리켜 우리는 친구라 부르지 않고 동업자라 부른다. 부모들이 내 자식에게 도움이 될 만한 친구를 사귀라는 말은 결국 동업자를 만들라는 것밖에 안 된다.

인맥이나 동업자 같은 건 사회생활을 하는 어른들의 세계에나 어울리는 말이다. 어른들은 이익을 기준으로 관계를 맺을 수 있고 또 그런 이유로 관계를 유지할 수 있다. 하지만 이건 아이가 아니라 어른이 되었을 때 해당하는 것이다. 학창 시절을 보내는 아이들에게 필요한 건 인맥이 아니라 친구다. 다양한 친구들과 사귀면서 새로운 세계를 접하고, 부딪히고, 경험하면서 자신의 세계를 확장시켜 나가야 한다. 이런 시기에 어른의 세계에서나 통용될 법한 이익과 효용성을 근거로 친구를 사귀라고 말하는 게 과연 바람직하다고 할 수 있을까? 세상이 아무리 달라졌다 해도 교육은 교육다워야 한다.

우리들의 삶은 관계에서 시작해서 관계로 끝난다. 무수히 많은 사람들과 관계를 맺으면서 사랑, 이별, 성취, 행복을 만들어 나간다. 이러한 관계 맺기는 홈쇼핑에서 물건을 주문하듯 클릭 한 번으로 쉽게 얻을 수 있는 게 아니다. 적절한 긴장과 설렘과 용기와 노력이 필요하며, 때로는 철저한 배신과 피 튀기는 암투와 싸움도 각오해야 한다. 그렇게 다른 사람들과 부대끼면서 성장하고 성숙해지는 것이다.

십 대들은 이 모든 다양한 경험을 스스로 겪어야 할 의무와 권한이 있다. 인생을 살기 위한 필수 과정이라 할 수 있는 관계 맺기 작업. 그것을 아이 스스로 해 나갈 수 있도록 도와주기는커녕 그 기회를 박탈하고만 있으니 답답할 노릇이다.

서로의 시차 극복하기

바쁘기 때문에
모든 게 귀찮아진 아이들

지금까지 많은 아이들을 지켜보면서 가장 안타까운 점은 애들이 너무 바쁘다는 것이다. 요즘 십 대들은 해야 할 것도 너무 많고 가야 할 곳도 너무 많다. 그래서 너무 바쁘다. 그냥 바쁜 게 아니라 무엇인가에 쫓기는 것처럼 보인다. 이런 점은 공부를 잘하는 아이도 못하는 아이도 비슷한 것 같다. 그런데 정말로 지금 십 대들은 시간이 부족할 정도로 스케줄이 꽉꽉 차 있어서 바쁜 나날을 보내고 있다. 딱히 다른 일정이나 할 일이 없는 것 같은데도 아이들은 늘 바쁘다고 말한다. 바빠서 시간이 없다고.

바쁜 사람에겐 여유가 없다. 그러니 차분한 안정감이나 느긋한 즐거움 같은 건 찾아볼 수 없다. 하긴 일에 치여 바빠 죽겠는데 여유와 안정 같은 걸 누릴 새가 어디 있겠는가. 그래서 바쁜 사람들은 늘 지쳐 보이고 외로워 보인다. 요즘 아이들이 그렇다. 뭘 해도 마지못해 억지로 하는 사람처럼 너무 시큰둥하다. 뭘 하자고 하면 돌아오는 대답은 정해져 있다. "피곤해요" 아님 "귀찮아요" 둘 중 하나다. 아예 입에 붙어 버렸는지 '피곤하다' '귀찮다'라는 말을 입에 달고 산다. 의욕도 없고, 흥미도 없고, 매사에 하는 둥 마는 둥 맨숭맹숭 일관해 버린다. 호기심이나 열정 같은 단어를 붙이기 민망할 정도로 요즘 아이들이 메말라 있다. 바싹 마른 낙엽처럼 생생한 물기라곤 전혀 찾을 수가 없다.

그래서 부모들은 불만이 가득하다. 이팔청춘, 한창 불타오를 때가 아닌가. 자신의 미래를 위해 좀 열정적으로 공부해 줬으면 좋겠는데, 정신은 어디 딴 곳에 놔두고 몸만 앉아서 하는 척만 하고 있으니 속이 터질 것이다. 공부가 싫으면 다른 것에라도 의욕을 보이면 좋으련만 그런 것도 아니다. 공부도 안 하고, 다른 것에도 딱히 관심이 없는 것 같다. 시키지 않으면 아무것도 안 하고, 그래서 뭐 하나라도 시키려고 하면 '귀찮다'라는 말만 해 댄다. 노는 것도 마찬가지다. 놀아도 좀 제대로 놀았으면 좋겠는데, 고작 한다는 게

PC방에 가거나 하루 종일 스마트폰이나 붙들고 어영부영하며 시간만 죽이고 있다. 그런 꼴을 보고 있으면 "우리 때는 저러지 않았는데"라는 말이 절로 튀어나오기 마련이다.

맞다. 우리 때는 이러지 않았다. 왜냐면 우리는 지금 아이들처럼 이렇게 바쁘진 않았으니까. 우리 때는 놀 시간도 있었고, 딴짓을 할 여유도 있었다. 뭔가 계획을 세워 화끈하게 놀 수 있었고, 다른 곳으로 원정을 가서 놀 수 있었다. 나는 틈만 나면 친구들과 함께 지하철을 타고 돌아다녔다. 동네에만 있으면 노는 게 정해져 있어서 학교를 마치면 지하철을 타고 목적지도 정하지 않은 채 아무 곳으로 떠났다. 세운상가와 용산 전자상가에 가서 새로 나온 신기한 물건들을 구경하기도 했고, 내가 좋아하는 하이틴 스타를 혹시 만날 수 있지 않을까 하여 여의도 KBS 별관 앞에서 하루 종일 죽치고 있었던 적도 있다. 때론 이름도 모르는 낯선 동네를 헤매면서 지금까지 보던 것과는 전혀 다른 풍경을 느껴 보기도 했다. 그렇게 놀다 집으로 돌아가면 밤 열 시가 훌쩍 넘어 있었다. 계산해 보면 최소 다섯 시간 이상 친구들과 논 것이다. 그 정도 여유 시간이 있었기에 새로운 걸 하면서 제대로 놀 수 있었다.

그런데 요즘 아이들은 다섯 시간씩이나 친구들과 놀 수 있는 여유가 없다. 어른들은 그들이 노는 것도 제대로 못한다고 불만이지만, 학교 마치자마자 학원으로 가야 하는 그들에게 뭐 얼마나 대단한 걸 할 수 있는 시간이 주어지겠는가. 편의점에서 라면 하나 먹고 잠깐 수다만 떨어도 한 시간이 후딱 지나간다. PC방에서 게임한 판 하는 게 어쩌면 가장 효율적으로 노는 방법일 수 있다. 그 이상을 하려고 해도 시간이 없는데 어찌하겠는가. 그리고 고기도 먹어 본 사람이 제대로 먹을 줄 안다고, 요즘 아이들은 어려서부터 제대로 놀 기회가 없었다. 놀 시간도 없고, 같이 놀 친구도 없었다. 초등학교 때부터 시작된 학원 뺑뺑이 때문에 함께 놀고 싶어도 친구들과 시간을 맞추기 힘든 게 현실이다. 그래서 아이들은 혼자 놀기 좋은 게임을 택했다. 다른 아이들과 시간 맞출 필요도 없고 혼자 놀아도 재밌으니까.

요즘 아이들이 게임에 미쳐 있다고 걱정인데, 그들은 어렸을 때부터 그렇게 노는 것에 익숙해져 버렸다. 그렇다고 중학생이 되었다고 해서 친구들과 함께 놀 수 있는 여건이 더 좋아지는 것도 아니다. 더 바빠지면 바빠졌지 공부 외에 뭘 다른 것을 해 보겠다는 생각을 감히 할 수 없다.

놀아 본 경험도 없는 데다 시간까지 부족해졌으니 이제 와서 제대로 놀아 보겠다는 건 불가능하다. 그렇다 보니 늘 하던 대로 게임이나 하면서 놀 수밖에 없다. 이렇게 말하면 내가 아이들이 게임을 즐기는 걸 찬성하는 것처럼 보이는데, 결코 아니다. 나는 게임이야말로 시간 죽이기밖에 안 된다고 본다. PC방에서 죽치고 앉아 게임에 몰두해 있는 아이들을 보면 좀비처럼 느껴져 섬뜩할 때가 많다. 그래서 아이들에게 게임이 아닌 다른 것을 하면서 놀라고 말한다. 현실적으로 딱히 마땅한 대안이 있는 건 아니지만 그래도 게임 말고 다른 것도 하면서 놀라고 부탁한다. 사실 게임을 하는 건 큰 문제가 아니다. 위험한 건 게임 외엔 노는 것이 뭔지 모르고 있다는 것이다.

인생의 가장 큰 투자는
베스트 프렌드를 만드는 일

제대로 놀 수 있는 시간도 없는데 친구를 사귈 수 없는 건 너무나 당연하다. 친구 사귀는 것과 시간이 무슨 상관이냐고 하겠지만 매우 밀접하다. 초등학교 때까지만 해도 놀이터에서 놀 수 있는 놀이터 친구면 충분했다. 같이 재밌게 노는 것만으로도 친구라고 부르기에 부족함이 없었다. 하지만 사춘기로 접어들면 친구라는 단어의 무게와 색깔이 달라진다. 같이 논다고 해서 친구가 되는 게 아니다. 마음이 맞아야 하고, 대화가 통해야 하고, 관심사가 비슷해야 하는 등 조건이 까다로워진다. 이런 친구를 만나 우정을 쌓기 위해선 절대적인 시간이 필요하다.

사랑은 시간과 상관없이 찾아올 수 있다. 로미오와 줄리엣처럼 한눈에 반해서 사랑에 빠질 순 있지만, 우정은 그렇지 않다. 오랜 시간과 경험을 함께하면서 차곡차곡 쌓아야 하는 게 우정이다. 그래서 오랜 친구를 만든다는 것은 그 자체로 많은 시간과 노력이 필요한 일이며 쉽지 않은 일이다. 요즘 유행하는 말로 인생에 '베프(베스트 프렌드)'가 많지 않은 것도 이 때문이다. 그런 친구를 만나기도 힘들고, 그 친구와 평생을 이어 갈 우정을 쌓기도 만만치 않다. 흔히 사람들이 친구가 없다고 하는 말도 '베프'가 없다는 걸 뜻한다. 다들 만나서 수다 떨며 같이 놀 친구는 있다. 하지만 그건 엄밀히 말해 친구가 아니라 노는 친구, 즉 아는 사람 수준이다. 나를 알아주고, 이해해 주고, 믿어 주는 '진짜 친구'와는 다르다.

그래서 요즘 아이들은 '진짜' 친구가 없다. PC방에서 같이 게임하는 게임 친구나 톡 방에서 의미 없이 서로 'ㅋㅋㅋ'거리면서 적당히 웃고 떠드는 아는 사람 수준의 친구만 있을 뿐이다. 마음이 맞고, 대화가 통하고, 관심사가 비슷한 친구가 별로 없다. 이유는 단 하나, 시간이 없어서다. 어떤 사람과 내가 잘 통하는지를 알려면 충분히 서로 부대껴 봐야 한다. 한두 시간의 짧은 대화로는 그 사람을 알 수 없다. 상대를 알고, 말이 통하고, 마음이 맞기까지는 많은 시간이 필요하다. 하지만 그럴 시간이 없다. 내 마음을 전할 시간도 없고, 상대의 말에 귀 기울일 시간도 없다. 그래서 시시껄렁한 농담이나 지껄이며 컵라면 한 그릇 먹고 헤어지는 게 최선이다. 아쉽지만 그렇게라도 시간을 함께 보내는 것으로 만족해야 한다.

상황이 이렇다 보니 아이들이 마음에 맞는 친구를 만나도 우정을 이어 가기란 무척 어렵다. 우정은커녕 시간을 내어 뭔가를 함께 할 여유도 없다. 그냥 그때그때 시간이 맞는 아이들과 어울리며 떠들 뿐이다. 누군가와 대화하고 이해하고 공감하고 싶은데 그럴 시간이 없다. 그래서 요즘 십 대들은 외롭다. 늘 사람에 대한 갈증으로 목말라 있다. 그런데 그 갈증은 부모 형제나 선생님 같은 존재가 풀어 줄 수 있는 게 절대 아니다. 오직 자신과 마음에 맞는 친구와 우정을 쌓으면서 풀 수 있다.

그런데 이건 단순히 현실을 안타까워하면서 지나칠 수 있는 간단한 문제가 아니다. 인간관계에 대한 자신감 부족으로 이어지기 때문이다. 학창 시절 친구들과 충분한 시간을 보내지 못한 아이들 중에는 막상 이십 대가 되어도 홀로 서지 못하고 인간관계에서 문제를 겪는 사람들이 종종 있다. 그런 사람들의 공통점은 친구가 없다는 거다. 여기서 말하는 친구란 노는 친구, 아는 사람이 아니라 '베프'다. 이십 대에 '베프'가 없다는 것, 그것은 십 대에 우정을 쌓을 정도로 친구를 사귄 경험이 없다는 걸 의미한다.

친구를 사귀는 건 인간관계를 맺는 연습을 하는 것이다. 대개 사람들은 친구를 사귀면서 상대의 말을 이해하고, 서로의 감정을 읽고, 그것에 공감하는 과정을 경험한다. 그 경험을 통해 사람 보는 안목을 키우고, 자신과 맞는 사람을 알아보는 기술을 배운다. 그리고 그 과정 속에서 자신의 모난 점을 둥글게 다듬고, 부족한 점을 채우게 된다. 그런 경험이 있어야 사회에 나왔을 때 수많은 사람들과 원만한 관계를 맺을 수 있다. 인맥이 아무리 넓어도 좋은 관계로 이어지지 않으면 아무 소용이 없다. 어른들이 말하는 인맥이란 건 사실 '아는 사람' 수준의 가벼운 관계기 때문이다. 인맥이 실질적인 도움이 되려면 서로에 대한 애정과 신뢰를 쌓아야 한다. 즉, 그와 친구가 되어야 한다는 의미다. 어른들이 인맥 쌓기를 목적으로 함께 술을 마시고 골프를 치면서 어울리는 것도 결국 친구가 되려고 그러는 게 아닌가.

인간관계를 맺는 연습을 가장 부담 없이 가장 잘할 수 있는 시기가 바로 학창 시절이다. 이때가 아니면 이런 연습을 할 기회가 별로 없다. 공부도 때가 있듯이 친구를 사귀는 것에도 때가 있다. 하지만 안타깝게도 요즘 아이들에겐 그럴 시간이 없다. 친구를 사귈 시간도 없고, 그래서 함께 잉여 짓을 할 기회도 없고, 따라서 추억도 없다. 그래서 아이들은 모두 외롭다. 외로운 좀비마냥 떠돌 뿐이다. 어떻게 하면 이 문제를 해결할 수 있을까? 아주 간단하다. 시간만 주면 된다. 친구를 사귀고, 함께 잉여 짓을 하면서 놀 수 있는 시간만 충분히 주면 된다. 하지만 이게 간단치가 없다. 그 시간을 뺏은 사람들이 다름 아닌 부모이기 때문이다.

아이는 중학생인데
부모는 지금 수능 시험장에 가 있다

부모들은 외로움 같은 걸 느낄 만큼 한가롭지 않다. 그들의 시간은 이미 수능 전날이다. 당장 내일이 아이의 인생을 결정짓는 수능 날인데 한가롭게 친구 따위를 찾을 때가 아니다. 발등에 불이 떨어졌는데, 아이는 아직도 정신을 못 차리고 있다. 해야 할 것들은 산더미인데 해 놓은 건 아무것도 없다. 그런데 아이는 PC방에서 게임이나 하고 있으니 어떻게 좋은 소리가 나오겠는가. 지금부터 잠자고 밥 먹을 시간을 아껴 가며 한 자라도 더 봐야 할 마당에 우리 아이 혼자 천하태평이니 부모 혼자만 미쳐서 날뛸 수밖에 없다.

이런 부모들에게 친구라는 존재는 내 아이의 시간을 빼앗는 방해꾼일 뿐이다. 친구와 노닥거릴 시간에 수학 문제 하나라도 풀면 좋겠는데, 전화로 수다만 떨고 있으니 그 시간이 아깝기만 하다. 평소에도 늘 이런 계산만 하고 있는 사람들이 요즘 부모들이다. 그러니 내 아이에게 친구와 마음껏 놀라고 격려해 줄 리 만무하다. 수능 시험이 끝나기 전까지 친구는 반드시 제거해야 할 버그 같은 존재지 내 아이와 함께 있을 대상이 될 순 없다. 친구를 사귀는 건 수능 시험이 끝나고 나서 해도 된다. 지금 급한 건 오직 시험을 잘 치르는 것. 오직 그것만 바라보고 아이가 노력해 줬으면 좋겠다고 바라고 있다.

하지만 아이의 시간은 수능 전날이 아니다. 그들에게 수능 시험은 먼 미래의 일이지, 지금 현재의 일이 아니란 말이다. 그래서 지금 그렇게 한가로이 놀 때가 아니라고 소리치는 부모의 행동이 이해되지 않는다. 친구와 잠시 통화하는 것 가지고도 잔소리를 해 대는 부모가 원망스러울 뿐이다. 좋은 대학에 가면 좋은 친구를 사귈 수 있으니 지금은 공부만 하라고 닦달하는 부모가 답답하기만 하다. 좋은 대학에 진학하기 위해 모든 걸 미루라는 부모의 성화를 아이들은 이해할 수도, 받아들일 수도 없다. 좋은 대학에만 가면 모든 것이 다 잘 될 거라는 부모의 말이 믿기지도 않는다. 아이들에게 그런 부모의 요구는 그저 자신의 즐거움을 뺏기 위해 방해하는 것밖에 안 된다. 그들에게 부모는 그냥 방해꾼 같은 존재인 것이다.

만약 아이들의 시간도 부모처럼 수능 전날이라면 아무 문제없다. 굳이 부모가 성화를 부리지 않아도 아이 스스로 발등에 떨어진 불을 끄기 위해 온갖 노력을 다할 것이다. 당장 내일이 수능인데 친구가 눈에 보일 리 있겠는가. 옆에서 뜯어말려도 아이 스스로 한 자라도 더 보기 위해 기를 쓸 것이다. 하지만 현실은 그렇지 않다. 아이와 부모의 시계는 서로 다른 곳에 있다. 몇 시간이 아니라 몇 년의 간극이 나 있는 경우도 있다. 그리고 이 간극은 도저히 메울 수 없는 것처럼 보인다.

　부모와 자식 사이에는 단지 몇 시간의 간극만으로도 많은 갈등이 일어날 수 있다. 부모의 시계는 아침 7시인데 아이 시계는 밤 12시라면 어떤 일이 벌어질까? 부모에겐 아침 7시니, 이제 아이가 일어나서 학교에 가야 할 시간이다. 그런데 아이는 밤 12시, 신 나게 꿈나라를 달리며 자고 있다. 학교 가야 할 시간에 쿨쿨 자고나 있으니 한숨만 나올 수밖에 없다. 소리를 지르며 억지로 깨워야 한다. 하지만 아이 입장에선 밤 12시에 학교 갈 시간이라며 일어나라고 성화를 부리는 부모가 도저히 이해가 안 된다. 대체 밤 12시에 왜 그러는지 황당하기만 하다.

　같은 공간에 있는데도 이처럼 각자가 느끼는 시간이 다르면 다른 행동이 나올 수밖에 없다. 고작 7시간의 간극인데도 부모와 아이는 서로 이해하지 못하고 원망과 불신만 쌓고 있다. 그러다 나중에는 한없이 삐거덕거리며 그 간극이 점점 더 벌어질 것이다. 그런데 부모는 수능 전날에, 아이는 현재에 시간이 맞춰져 있다면 각자 얼마나 다른 행동을 하며 얼마나 다른 생각을 하고 있겠는가. 몇 년이란 엄청난 간극을 무슨 수로 메울 수 있겠는가. 수능 전날에 가 있는 부모의 조급한 마음을 최대한 늦추고 아직 먼 미래의 일이라고 느끼는 아이의 느슨한 마음에 경각심을 주는 게 최선이지만, 부모도 아이도 자신의 시간을 고수하려 하기 때문에 서로의 시간을 맞추기란 심히 어려워 보인다.

부모도 아이도 모두
패잔병이 될 수밖에 없는 싸움

각자의 입장을 고수하며 고집을 부리는 동안 부모와 아이 사이의 간극은 엉뚱한 것들로 채워진다. 마음을 할퀴는 모나고 험한 말들, 이해할 수 없는 행동들이 차곡차곡 쌓이며 서로를 향한 불신과 원망들이 그 간극을 채우게 된다. 둘 다 패잔병이 될 수밖에 없는 전쟁을 하는 꼴이다. 이 과정에서 부모들은 많은 상처를 받는다. 이게 다 널 위해 하는 것인데, 그 마음도 모르고 자신을 원망하는 아이가 답답하기만 하다. 하지만 더 막심한 피해를 보는 건 부모가 아닌 아이다. 아이는 마음의 상처를 입을 뿐만 아니라 수많은 것들을 잃어버리게 된다. 그 나이 때에 겪고 경험하고 누려야 할 것들을 아무것도 하지 못한 채 그냥 지나치게 되는 것이다.

아이는 평생을 함께하고 싶은 친구를 아직 만들지 못했다. 아니, 자신과 교감할 다른 사람을 찾는 연습을 하지 못했다. 그리고 가슴 두근거리는 첫사랑의 전율을 느껴 보지 못했다. 아니, 이성이라는 중요한 관계의 축이 어떻게 만들어지는지 알지 못했다. 또 제대로 놀아 보지 못했다. 아니, 세상에서 벌어지는 여러 가지 즐거움과 다양함을 느낄 기회를 가지지 못했다.

그들은 관계 맺기에 대한 연습을 십 대에 마치지 못했다. 그래서 훗날 다시 처음부터 관계 맺기를 해야 한다. 이미 많이 굳어진 자아를 가지고 서투른 상태에서 다른 사람들과 마주 보고 홀로 서야 한다. 그러다가 성인이라는 이름으로 요구되는 그 모든 것에 자신이 무척이나 서투르다는 걸 깨닫게 되면 적잖이 당황하게 될 것이다.

그래도 지금 부모들은 친구라도 있지 않은가. 비록 나이가 들면서 그 존재 가치가 예전만 못하지만 그래도 속상한 일이 있으면 하소연할 친구쯤은 하나 있다. 친구와 함께 놀았던 기억도 있고 추억도 있다. 지금이라도 새로운 친구를 만들 수 있는 경험도 갖고 있다. 하지만 미래에 우리 아이들 옆엔 아무도 없을 수 있다. 그들은 좋은 대학의 졸업장만으론 채울 수 없는 인생의 소중한 것들을 충족하지 못한 채로 학창 시절을 보내게 될 것이다. 부모는 좋은 대학에 가면 모든 게 해결될 거라고 장담하지만 결코 그럴 수 없을 것이다. 사춘기 시절에 못 채운 것들을 과연 대학에 간다고 해서 채울 수 있을까. 그때는 또 그때 해야 할 것들을 하느라 정신없을 것이다. 배고플 때 먹는 라면과 배부를 때 먹는 라면 맛이 다르듯 같은 짓도 학창 시절에 할 때와 어른이 되어서 할 때의 느낌은 아주 다르다. 오직 그때만 느낄 수 있는 즐거움과 감흥이 있다.

학창 시절에 겪은 경험과 느낌과 감흥은 시간이 지나면 다 추억이 된다. 추억은 단순히 지나간 일이 아니다. 어느 드라마 대사처럼 추억은 엄청난 힘을 가지고 있다. 그때 했던 잉여 짓의 추억이 친구들과의 술자리에서는 즐거움이 되고, 힘들 땐 미소 짓게 해 주는 피로 회복제가 된다. 예전의 내 모습을 조금은 귀엽고 애틋하게 여길 수 있게 해 준다. 그리고 한발 더 나아가 그 추억들은 앞으로 인생에서 맞서게 될 수많은 굴곡과 선택의 순간 속에서 지혜라는 이름으로 그들을 도울 것이다.

나는 부모들이 자신들의 시간을 조금만 늦춰 주었으면 좋겠다. 수능 전날의 급박한 마음이 아니라 내 아이에게 조금만 더 여유를 줄 수 있을 정도로 긴장의 끈을 늦춰 주길 바란다. 적어도 한 명 정도의 '베프'는 사귈 수 있도록, 그 친구와 가끔은 잉여 짓을 할 수 있도록, 그래서 나중에 학창 시절을 되돌아봤을 때 웃으면서 떠올릴 만한 추억 몇 가지는 있을 수 있도록 아이에게 시간을 주었으면 한다. 그러면 둘 다 패잔병이 되는 싸움은 피할 수 있을 거다.

우리 아이의 30년 후를 생각해 보라. 각박한 세상 속에서 외롭게 고군분투하고 있을 아이 곁에 소중한 친구도 하나 없고 학창 시절의 훈훈한 추억도 하나 없다면 너무 슬프지 않은가. 미래의 내 아이가 너무나도 차가운 환경 속에 놓여 있지 않을까 걱정되지 않는가.

2. '친구'에 대한 시차 점검

번 호	문 항	전혀 그렇지 않다 0 min	보통이다 15 min	가끔 그렇다 30 min	자주 그렇다 1 hour
1	우리 아이는 놀 친구는 많은데 본받을 만한 좋은 친구는 별로 없는 것 같다.				
2	이성 친구는 공부에 방해가 되기 때문에 대학생이 된 후에 만나는 것이 좋다.				
3	많은 친구들을 사귀다 보면 여러모로 아이에게 손해가 되는 일이 생길 것이다.				
4	우리 아이가 좋아하는 친구들은 내 마음에 별로 들지 않는다.				
5	공부나 숙제를 다 하고 나서 친구와 노는 것이 당연한 순서다.				
6	우리 아이 친구들의 성적이나 가정환경, 경제력 등도 중요하다고 생각한다.				
7	부모의 지원과 사랑이 넉넉하면 굳이 친구가 없어도 괜찮다고 생각한다.				
8	아이가 친구들 이야기를 하면서 무엇을 사 달라고 하는 것은 아직 철이 없어서 그러는 것이라고 넘기는 편이다.				
9	옷이나 신발, 화장 등은 공부에 지장을 주기 때문에 좋지 않다.				
10	우리 아이는 나에게 친구에 대한 이야기를 거의 하지 않는다.				
11	학생은 친구와 노는 것보다 학업에 충실하는 게 마땅하다.				
12	우리 아이는 지금도 충분히 놀 시간을 가지고 있다.				

시차 진단 해설표

시차 0~3시간 "아들아, 세상엔 소중한 게 많다."

자녀가 독립된 인격체임을 인정하고 자녀를 둘러싸고 있는 환경과 사회생활을 많이 이해해 주는 쪽이다. 절제가 부족한 청소년이기에 시행착오를 겪을 수 있지만 장기적으로는 자녀가 독립적으로 성장해 나가도록 지원해 주는 열린 마인드를 갖고 있다.

시차 3~6시간 "내가 그어 놓은 선 안에서 뛰어놀렴."

부모가 정한 기준 안에서 어느 정도 자녀의 친구와 사회생활을 인정하려고 노력하지만 늘 자녀가 부족하다고 느낀다. 부모의 판단 기준을 벗어날 경우, 곧바로 통제와 관리 모드로 진입할 수 있는 준비 태세를 갖추고 있다.

시차 6~9시간 "다 너 잘되라고 그러는 거야."

자녀의 친구와 외부 환경에 다소 많은 통제와 관리를 행사하고 있다. 부모가 바라는 기준을 관철시키기 위해서 자녀와의 잦은 갈등도 불사하고 자녀를 위한다는 심정으로 "안 돼"라는 말을 한다. 다 널 위해 그런 건데 이러한 맘을 몰라주는 자녀에게 서운할 때가 많다. 물론 자녀는 이런 부모가 더욱 서운하다.

시차 9~12시간 "내 손바닥 안의 세계가 너의 활동무대야."

오로지 부모의 기준과 행동 규범만 있을 뿐, 자녀가 소중하게 여기는 것이 무엇인지를 알지 못한다. 자녀에게 이익이 될 친구만을 선호하고 그마저도 공부와 성적이라는 제1순위 지상 과제를 위해서는 과감히 칼로 베어 버리는 단호한 결단력과 행동력을 갖추고 있다. 자녀와 자주 싸우지만 결국엔 우리 아이가 부모 말 듣기를 잘했다고 생각할 것이라는 착각을 강하게 고수하고 있다.

12:00

브라질 vs 한국

6:00
러시아 vs 한국

0:00
일본 vs 한국

3:00
인도 vs 한국

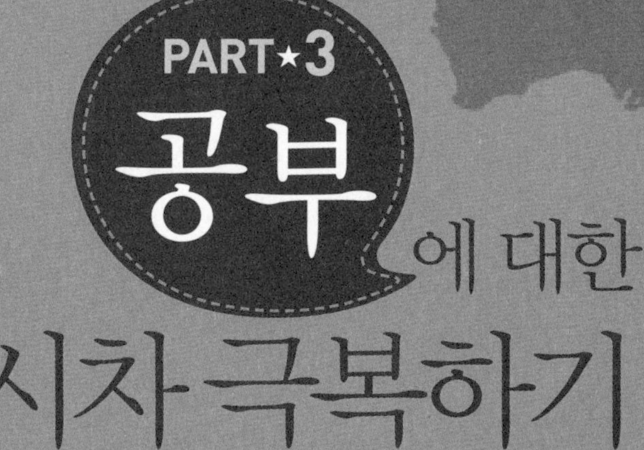

PART★3
공부
에 대한
시차 극복하기

날림 공사를
막아야 하는 미션

수능 스타의 공부법을 비웃을 때

사회생활을 하다 보면 대입에 실패하여 인생이 꼬였다고 넋두리하는 사람들이 꼭 있다. 학창 시절 내내 1등을 놓치지 않는 우등생이라는 말로 서두를 놓으면서 말이다. 이 사람들의 넋두리에 섞여서 침 튀겨 가며 한몫하는 사람이 바로 나다.

'내가 왕년에'라는 말로 자기 자랑을 시작하는 사람들이 재수 없게 보인다는 건 알지만, 실제로 나는 '왕년에' 공부를 꽤 잘하는 학생이었다. 어느 정도로 잘했느냐면 초등학교부터 고등학교 1학년 때까지 거의 1등을 놓치지 않을 정도로 전교권에서 놀았다. 그러니 반장은 늘 따 놓은 당상이었고, 부모님은 물론 선생님들한테도 칭찬과 기대를 한 몸에 받는 촉망받는 아이였다. 어머니 말씀에 따르면 나는 별로 입 뗄 필요 없이 알아서 척척 잘하는 아이였다고 한다. 남들처럼 공부하라고 잔소리한 적도 없었고, 딱히 공부 뒷바라지라고 할 만한 걸 해 준 적도 없었다고 했다. 그 당시에도 학교로 학원으로 과외로 치맛바람 휘날리며 종횡무진 자식 공부에 극성인 열혈 엄마들이 있었다. 그런데 별 노력 없이 세 끼 밥만 잘 먹여서 학교에 보내 놨더니, 알아서 백 점짜리 시험지와 1등 성적표를 가지고 오는 내가 부모님 눈에 얼마나 예쁘고 자랑스럽게 보였겠는가.

그렇다고 내가 하루 종일 책상 앞에 앉아 죽자고 공부만 하는 범생이는 또 아니었다. 또 내 자랑처럼 들리겠지만 나는 공부도 잘하고 놀기도 잘하는 매우 바람직한 학생이었다. 아니, 정확히 말해서 공부보다는 노는 쪽에 더욱 열과 성을 다했던 것 같다. 반장의 권한으로 여자 중학교와 반팅을 주선해서 친구들의 연애 사업 촉진에 앞장서기도 하고, 아이들에게 새로운 세상을 맛보는 경험을 제공하기도 했다. 그래서 후일 친구들에게 "생각해 보니 나쁜 건 다 너한테 배운 것 같다"라는 원망을 듣기도 했다. 보통 반장들은 공부 잘하는 모범생들과 친할 거라는 편견이 있지만, 나는 범생이들보단 주로 뒷자리를 터전으로 삼는 소위 '문제아'라고 불리는 친구들과 돈독하게 지냈다. 나는 공부보다는 어떻게 하면 재미있게 놀까를 궁리하는 유별난 모범생이었다. 이렇게 놀기 좋아하는 내가 어떻게 전교 순위에 들 정도로 공부를 잘했을까?

매년 수능이 끝나고 나면 전국 수석, 시 수석 같은 수능 스타들의 인터뷰 기사가 나오기 마련이다. 그들의 인터뷰를 보면, 공부 비법을 묻는 기자의 질문에 이런 말을 하는 수능 스타가 꼭 있다.

"특별한 비법 같은 건 없고요, 교과서 위주로 수업 시간에 집중해서 듣고 예습 복습을 꼼꼼하게 하는 편이었어요. 잠은 7시간 이상 충분히 잤고요."

그러면 전국의 수많은 학생들과 학부모들은 분노와 함께 좌절 모드에 빠지게 된다. 저 말이 의미하는 게 뭔가. '나는 머리가 좋아서 이 정도로도 수석은 문제없어요'라는 뜻이나 마찬가지다. 어려서부터 돈과 시간과 땀과 열정을 온갖 학원과 과외에 쏟아붓고도 반에서 간신히 중간을 유지하고 있는 학생들과 그들의 부모는 좌절할 수밖에 없다. 그래서 그들은 자기방어 차원에서 수능 스타의 공부 비법은 다 거짓말일 거라고 생각해 버린다. 과목별 전문 학원과 족집게 과외로 얻은 성적이라고 차마 말할 수 없으니 저렇게 말하는 거라고 제멋대로 해석해 버리는 것이다.

수능 스타들의 말이 진실인지 거짓인지는 알 수 없지만 내 경험으로 봤을 땐 진실일 가능성이 높다. 실은 나도 저렇게 공부해서 좋은 성적을 받았기 때문이다. 정말로 수업만 제대로 듣고 예습 복습만 적당히 해 주면서, 시험 기간에 집중적으로 공부만 해도 충분히 좋은 성적을 받을 수 있다. 그런데 사람들은 이런 말을 믿지 않는다. 뭔가 특별한 과외를 받고 있거나 아니면 인정하기 싫지만 머리가 좋아서일 거라고 추측해 버린다. 사람들의 그런 반응을 볼 때마다 나는 늘 이렇게 묻는다. "저렇게 평범한 공부라도 제대로 해 본 적이 있느냐?"고. 예전이나 요즘이나 이 평범한 공부 비법을 충실하게 실천하는 아이들은 별로 못 봤다. 그들은 기본만으론 뭔가 부족하다고 생각하는지 늘 특별한 대안에만 관심을 둔다. 족집게 과외나 과목별 전문 학원 같은 것 말이다. 하지만 아주 기본적인 건 무시하고 특별한 대책만 들입다 해 봐야 소용없다. 똑같은 과외를 하더라도 어떤 아이는 효과가 있고 어떤 아이는 효과가 없는 이유가 바로 이 때문이다.

그런데 내가 이렇게 말하면 꼭 태클을 거는 인간들이 있다.

"야, 그렇게 잘 알면서 넌 왜 대입에 실패했냐?"

이런 말을 들으면 지나온 날들에 대한 후회와 실패의 기억들이 떠올라 왼쪽 가슴이 콕콕 쑤셔 온다. 나의 공부 방법이 수능 스타들의 공부 방법과 별반 다르지 않다고 백번 말해 봐야 뭐하겠는가. 결과가 천양지차인데. 그들은 수석의 명예와 함께 우리나라 최고 대학에 진학했지만, 안타깝게도 나는 고등학교 2학년 때부터 슬슬

옆길로 새기 시작하여 과거의 성적을 탈환하지 못한 채 그대로 끝나 버렸다. 첫 끗발이 개 끗발이라는 화투판의 속설처럼 초등학교 때부터 공부를 잘하던 아이들이 고등학교 막판으로 가면 갈수록 성적이 떨어진다는 이상한 징크스가 있다. 이 징크스의 전형적인 예가 바로 나였다.

조타 능력도 없이
흔들리는 배에 올라탄 대가

성적이 하향 곡선을 타기 시작한 시점은 여자 친구를 만나고부터다. 고등학교 2학년 어느 봄날, 야간 자율 학습을 마치고 집으로 돌아가던 나는 중학교 때 반팅에서 만났던 한 여학생을 우연히 보게 되었다. 그때 그녀는 양복점의 커다란 유리창을 열심히 닦고 있었다. 이 시간이면 나처럼 집으로 돌아가고 있어야 정상인데, 그녀가 왜 저기서 유리창을 닦고 있는지 의아하고 궁금했다. 그 궁금함이 그녀의 이름을 부르게 했고, 화들짝 놀라서 가게 안으로 뛰어 들어가는 그녀를 쫓아 이야기를 나누게 했다. 그리고 그 궁금함이 해소되는 순간 이내 내 마음속에서 그녀를 향한 연민과 안타까움이 피어올랐다.

불우한 가정환경으로 삐딱선을 타고 있던 그녀는 결국 고등학교 1학년을 마치고 자퇴를 한 뒤 양복점에 취직했다고 했다. 주제 넘은 의협심인지 아니면 사춘기 소년의 불타는 정의감인지는 모르 겠지만 나는 그녀를 그냥 내버려 둘 수 없었다. 그녀의 고통을 해 결해 줄 힘은 없었지만 적어도 공부의 끈은 놓치지 않았으면 하는 마음이 강렬하게 솟아 났다. 공부엔 취미도 없을 뿐더러 지금은 돈 버는 일이 가장 중요하다는 그녀에게 그래도 고등학교 졸업증은 필요하니 검정고시를 쳐야 한다고 열심히 설득했다. 지나고 나서 생각해 보면 참으로 주제넘은 짓이었다. 거센 바람과 풍랑에 흔들 리는 배를 제대로 운전할 힘도 없으면서 나는 알량한 정의감 하나 만으로 그녀가 타고 있는 배에 덥석 올라탄 것이다. 그리고 그녀와 함께 나도 거센 비바람에 흔들렸다.

하지만 그 시간은 그리 길지 않았다. 6개월을 넘기고 나는 스스 로 그 배에서 내렸다. 불타는 감정으로 시작된 연애가 아니었기에 이별의 고통도 그다지 크지 않았다. 이제 예전의 평온한 일상으로 돌아가면 되는 일이었다. 지난 6개월 동안 급격한 기울기로 떨어진 성적이 마음에 걸렸다. 나는 마음을 다잡고 책상 앞에 앉았다. 그런 데 어찌 된 일인지 공부가 잘 안 되었다. 분명 예전처럼 공부한 것 같은데 감을 잃어서 그런 건지 아니면 공부 리듬이 끊어져서 그런 지는 몰라도 좀처럼 성적이 회복되지 않았다. 이런 때일수록 공부 에 집중해야 하지만 생각하는 대로 되지 않는 현실에 당황한 나는 오히려 공부를 기피하기 시작했다.

　시간이 지날수록 주위에서 나를 우려하는 소리가 점점 들려왔다. 선생님들은 이 중요한 시기에 어디에다 정신을 팔고 다니느냐며 호통을 치셨다. 고3이 되자 친구들까지도 이젠 정신 좀 차리고 공부하라는 조언을 하기 시작했다. 예전에 내가 공부도 해 가면서 놀라고 조언해 주던 친구들이었다. 이런 나에게 별말을 하지 않는 사람은 부모님뿐이었다. 추락한 아들의 성적표를 보고 걱정은 되셨겠지만 나에 대한 믿음과 기대 때문인지 크게 별말을 하지 않으셨다. 나라고 이런 상황이 답답하지 않을 리 없었다. 나야말로 누구보다도 예전으로 돌아가고 싶은 생각이 간절했다. 하지만 '추락하는 것은 날개가 있다'라는 소설 제목처럼 한 번 추락한 자신감과 성적은 좀처럼 쉽게 회복되지 않았다. 결국 가장 중요한 고3 시기를 지리멸렬한 상태로 보낼 수밖에 없었다.

　처음엔 이 모든 것의 원인을 그녀 탓으로 돌렸다. 괜히 그녀를 만나서 모든 게 엉망이 되어 버렸다고 원망했다. 하지만 시간이 한참 지나고 나서야 그때 내가 왜 그랬는지를 깨닫게 되었다. 가장 중요한 시기를 허송세월로 보낸 것은 그녀가 아니라 공부에 대한 나의 얄팍한 자만심 때문이었다. 그때까지 내가 한 공부는 철저히 점수 따기에 맞춰진 공부였다. 진득하게 교과 전반을 이해하며 새로운 지식을 배우는 것에 호기심과 재미를 갖고 하는 공부가 아니었다. 대충 교과서를 훑어보고 그중에서 시험에 나올 법한 것들만 쏙쏙 뽑아내 필요한 것만 외우는 식이었다. 나는 제대로 공부하는 방법을 익힌 것이 아니라 어떻게 하면 성적을 잘 받을 수 있을까 하는 요령만 피우고 있었던 것이다. 이해하기보단 얼마나 많이 암기하느냐로 시험 점수가 달라지는 우리나라 교육에선 이런 요령이 통할 수 있었다. 그래서 적당히 공부해도 좋은 성적을 받을 수 있었던 것이다.

하지만 이런 공부 방식은 날림 공사나 마찬가지였다. 겉으로 보기엔 멀쩡해 보여도 근본적으론 부실했기 때문에 조그만 문제에도 휘청댔다. 특히 고3처럼 쌓아 둔 밑천이 강력한 힘을 발휘해야 할 시기에 그랬으니, 휘청거리는 걸 넘어 아예 무너져 버렸다. 내가 헤맸던 이유가 이 때문이었다. 잠시 딴 데 한눈을 팔다가 공부의 감을 잃은 게 아니라 쌓아 놓은 밑천이 없었기에 생겨난 문제였다. 그때그때 시험을 치르는 건 문제없었지만 시간이 지나면서 모래알처럼 흩어져 버렸다. 분명 열심히 한 것 같았지만 뒤돌아서면 남는 게 하나 없는 허무한 공부였다.

우연인지 필연인지 시간이 지나고 지금 나는 아이들의 공부를 지도하고 있다. 요즘 아이들은 예전보다 더욱 많이 공부하고 있지만 어찌 된 일인지 부실 공부를 하는 아이들 또한 더욱 많아진 듯하다. 의미가 없는 공부, 기본을 모르는 공부, 목적 없이 표류하는 공부. 이 모든 걸 끌어안고서 우리 대한민국 학생들은 그저 '공부 열심히 해라'라는 주변 소리를 배경음악 삼아 학교에서 학원으로 바삐 움직이고 있다.

'공부'에 대한
10대들의 시계

이유를 모르니 고문이
될 수밖에 없어

현정이를 보면 '알파걸'이란 단어가 가장 먼저 떠오른다. 그 정도로 똑똑한 여학생이다. 웬만한 어른과 붙어도 절대로 밀리지 않는 말발과 지기 싫어하는 근성을 볼 때면 앞으로 뭘 해도 잘해 낼 수 있을 것 같다는 기대가 든다. 현정이도 이런 자신의 장점을 잘 알고 있다. 그래서 늘 자신감에 차 있고, 어디서나 당당하다. 딱 하나, '수학'이란 놈과 마주칠 때만 빼고.

현정이에게 수학은 인생의 걸림돌 같은 과목이다. '걸림돌'이 아니라 인생의 '에베레스트산'이라는 단어가 더 적합할 것 같다. '그대 앞에만 서면 왜 나는 작아지는가'라는 유행가 가사처럼 언제 어디서나 당당하던 현정이도 수학 앞에만 서면 초라할 정도로 작아진다. 다른 과목의 성적은 꽤 괜찮은 편이다. 열심히 공부하면 그 노력에 비례하여 성적도 쭉쭉 오른다. 하지만 수학, 오직 수학이라는 놈만 현정이의 노력과 정성을 비웃기라도 하듯 냉정하게 배신해 버린다. 그 놈의 수학만 아니라면 벌써 우등생 대열에 들어갔을 거다. 하지만 수학 성적이 평균 점수와 등수를 깎아 먹으며 현정이의 자신감까지 갉아먹고 있었다.

그래도 초등학교까진 그럭저럭 버텼다. 하지만 중학교 2학년이 되면서부터 수학 점수가 10점 단위로 뚝뚝 떨어지더니 결국 2학기 기말고사에서 50점대로 내려앉게 되었다. 현정이 어머니는 이대로 뒀다간 큰일 나겠다 싶어 현정이를 수학 전문 학원으로 보냈다. 나는 이 결정에 반대했다. 선행을 위주로 한 전문 학원보단 기초를 탄탄하게 다질 수 있는 과외를 하는 게 더 좋겠다고 조언을 했지만 현정이 어머니의 확고한 생각을 돌리기엔 역부족이었다. 어찌 되었든 현정이도 수학 점수를 올리기 위해 방학 내내 학원에 다니며 수학 공부에 매달렸다. 그리고 3학년 첫 시험을 치렀다. 방학 동안 다른 공부는 제쳐 두고 수학 공부에만 올인하였으니 어느 정도 성적이 오를 거라고 은근히 기대하는 눈치였다. 그런데 이게 웬일인

가. 수학 성적이 오히려 더 떨어져 버린 것이다. 이 일로 현정이는 물론 현정이 어머니까지 패닉 상태에 빠져 버렸다. 모녀 사이에 한바탕 전쟁이 벌어질 게 뻔했다.

현정이는 패잔병의 모습으로 돌아왔다. 지치고 우울한 표정으로 터벅터벅 걸어 들어와 상담실 의자에 앉았다. 얼굴을 마주하니 먼저 위로를 건네는 게 맞는지 조언을 하는 게 맞는지 망설여졌다. 나는 말 대신 따뜻한 코코아 한 잔을 타서 현정이에게 내밀었다. 코코아를 한 모금 마시고 테이블에 컵을 내려놓으며 현정이는 긴 한숨을 내쉬었다.

"땅 꺼지겠네. 앞길이 창창한 어린 녀석이 웬 한숨이야?"

"창창하긴요. 온통 암흑투성이인데…."

"아이고, 수학 하나 때문에 인생 포기할 기세군."

"어차피 수학 때문에 뭘 해도 안 될 텐데요…."

현정이는 막막한 눈길로 천장을 올려다보았다. 현정이의 눈엔 수학이라는 과목이 에베레스트산처럼 높아 도저히 넘어설 수 없는 거대한 벽으로 느껴지는 모양이었다. 그래도 지금까지는 뭔가 방법을 바꾸면 나아질 수 있을 거라는 일말의 희망과 기대가 있었다. 하지만 이번 시험으로 그나마 있던 자신감과 의지마저도 완전히 시들어 버린 듯했다. 그런데 이 절망감보다 더 걱정인 것은 노력해도 안 될 거라는 두려움과 쉽게 포기하려고 하는 현정이의 마음이었다.

"현정아, 점수가 떨어진 원인이 뭔 것 같아?"

"모르겠어요. 내 머리가 나빠서 그렇겠죠. 아니면 나랑 수학은 철천지원수든지요. 근데 원인이 뭐가 중요하겠어요. 어차피 해도 안 되는 걸요."

"그게 왜 안 중요해? 원인이 뭐냐에 따라 해결책이 달라지는데."

"그런가? 근데 원래부터 못했잖아요. 못하는 데 이유가 어디 있겠어요. 못하니까 못하는 거지….."

"이야, 수학이란 놈이 정말로 대단하긴 대단한가 보구나. 자신만만하고 기세등등하던 우리 현정이를 이렇게 만들어 놓다니 놀라운 일이야."

"쌤, 가련한 어린 양이 실의에 빠져 있는데 뭐라도 좀 먹여서 기운 차리게 해 줄 생각은 안 하시고 자꾸 불난 집에 재만 뿌리실 거예요?"

"입은 여전히 살아 있네. 방금 줬잖아. 뜨끈뜨끈한 코코아."

"쌤! 저 진짜 심각하단 말이에요. 이러다간 대학도 못 간다고요. 엄만 오늘 머리 싸매고 자리에 누우셨어요."

현정이 말을 들으니 오늘 있었던 전투의 결말이 대충 그려졌다. 전투에선 이겼지만 전쟁에선 졌다는 말처럼 표면적으로는 현정이 어머니가 승리하였지만 내상이 깊은 모양이었다. 하긴 수학 성적 때문에 당사자인 현정이보다 현정이 어머니가 더 안달복달했으니

그럴 만도 하다. 하지만 그런 행동은 결과적으로 현정이의 무력감
과 절망감만 더 키운 것밖에 안 되었다.

이유 없이 배우진 않아

"알았어. 그럼 지금부터 진지하게 상담이라는 걸 좀 해 볼까? 수
학 성적이 떨어진 원인이 무엇인지 네 생각을 말해 봐."

"음…, 첫 번째는요. 엄마는 인정하지 않지만 학원을 바꾼 게 잘
못이었던 것 같아요. 선생님 말대로 학원보단 기초를 잡아 주는 과
외를 하는 게 더 낫지 않았을까 싶어요. 거긴 수학에서 날고 긴다
는 애들이 선행 학습을 하러 오는 곳이었거든요. 한 마디로 번지수
를 잘못 찾아간 거죠."

"그리고 또?"

"또요?"

"네가 방금 첫 번째라고 했잖아. 그러니까 더 있다는 말이잖아."

"예리하시긴! 갑자기 생긴 일은 아닌 것 같고요, 솔직히 말하면
전 수학이 싫어요. 정말 너무 너무 너무 싫어요. 수학 공부를 하고
있으면 저도 모르게 막 화가 난다니까요."

"그렇게 화가 날 정도로 수학이 싫어? 왜 그렇게 싫은데?"

"일단 전 체질적으로 수학이랑 안 맞아요. 숫자만 봐도 머리가

지근지근 아파 와요. 그리고 어렵긴 왜 또 그렇게 어렵대요? 이해
도 안 되는 문제를 풀고 있으면 속에서 뭔가가 막 부글부글 끓어올
라요. 대체 내가 왜 이걸 해야 하는지 모르겠어요. 학교 성적이나
입시 때문에 해야 한다는 건 알겠지만 정말 이해할 수 없어요."

평소 말주변이 좋아 말로 먹고사는 직업이 '딱'이라는 평가를 듣
는 현정이답게 청산유수로 넋두리하기 시작했다. 그동안 꾹꾹 눌
러 담아 놓았던 불만을 이번에 시원하게 터트릴 모양이었다.

"쌤도 한번 생각해 보세요. 다른 과목은 나중에 어떻게라도 쓸
모가 있어요. 영어는 해외여행 갈 때 써먹으면 되고요, 과학이나 역
사는 상식이니까 모르면 좀 무식해 보이잖아요. 그리고 혹시 알아
요? 나중에 퀴즈 대회라도 나가게 될지…. 그때를 위해서라도 공부
해 둘 필요가 있어요. 그리고 국어는 한국 사람이니까 당연히 알아
야 해요. 솔직히 맞춤법 모르는 애들 보면 없어 보이잖아요. 또 기
술 가정은 실생활에 써먹을 수 있으니 필요해요. 예전에 기술 가정
책에 나오는 대로 요리한 적이 있는데요, 더럽게 맛이 없긴 했지만
그래도 방법 정도는 알아 둬야 나중에 시집가서 사랑받지 않겠어
요? 그런데 이놈의 수학! 이건 아무리 생각하고 생각해도 쓸 데가
없어요. 쌤은 물건 살 때 방정식이나 이차함수 써서 계산해요? 아
니잖아요. 하물며 퀴즈 대회에도 수학 문젠 안 나와요. 덧셈, 뺄셈,
나눗셈, 곱셈만 할 수 있어도 사는 데 아무 지장 없잖아요. 주변을

암만 살펴봐도 수학 몰라서 불편하다는 사람은 한 명도 못 봤어요. 다들 수학 몰라도 잘 살잖아요. 그런데 왜 이 어렵고 지겹고 골 때리는 수학을 공부해야 하냐고요? 그렇지 않아요, 쌤?"

쉼표 한 번 없이 저 많은 말을 한꺼번에 쏟아 내는 현정이가 신기하기만 했다. 유머러스한 현정이 같은 아이에게는 심각하고 근엄하게 무언가를 가르치려 드는 건 금물이다. 나는 신 나게 맞장구를 쳐 주었다.

"정말 그러네? 나도 문과 나와서 그런지 고등학교 때 배운 수학을 써먹은 적은 한 번도 없는 것 같은데?"

"맞죠? 이과도 마찬가지예요. 우리 삼촌도 공대 나왔는데요, 회사에서 수학은 전혀 안 쓴다고 하더라고요."

"그럼 정말 이상한데? 현정이 네 말처럼 수학을 잘 몰라도 별로 문제없는데 왜 그렇게 중요한 과목이 되었을까?"

"쌤, 이제껏 제가 한 말이 그 말이잖아요. 제가 물은 걸 도로 저한테 물으시면 곤란하죠. 저도 수학만 아니면 벌써 우등생 소리 듣고 남았을 거라고요."

"그러게. 나도 수학 때문에 학교 다닐 때 골치 깨나 아팠거든. 혹시 수학 선생님은 알고 계시지 않을까? 학교나 학원에 있는 선생님한테 한번 물어보지 그래?"

예상대로 현정이의 눈이 커지면서 어이없다는 표정을 짓는다.

"쌤이 학교 다닌 지 오래되셔서 분위기 파악이 안 되시나 본데요, 학교 쌤들한테 그런 소리 했다가는 욕만 한 바가지 먹을 게 뻔해요. 어휴, 생각만 해도 끔찍해요."

"그럼 어쩌지? 지식인에 물어봐야 하나? 거긴 초딩들만 득실거릴 텐데…. 현정이 네 말처럼 수학이 실생활에 쓸모없는 거라면 수학을 안 배우는 학교도 있지 않을까? 뭐 외국 같은 곳?"

"근데 또 웃긴 게 안 그런가 봐요. 미국 고등학교에 다니는 우리 사촌 언니가 그러는데요, 거기서도 우리랑 비슷하게 수학을 배운다고 하더라고요. 물론 우리처럼 빡세게 하는 건 아니지만요."

"그럼 우리뿐만 아니라 전 세계 학생들이 이처럼 쓸데없는 수학을 배우고 있단 말이지? 그게 사실이라면 왜 그럴까? 분명 괜히 그러는 건 아닐 테고, 혹시 그걸 통해 얻는 게 있으니까 배우는 게 아닐까? 현정아, 정말 수학이라는 게 우리와 전혀 상관없는 걸까? 수학을 배우면서 얻을 수 있는 게 과연 하나도 없을까?"

정말 궁금하다는 듯 현정이에게 다시 질문을 던졌다. 그리고 곰곰이 생각할 수 있는 시간을 주었다. 현정이는 평소 아는 게 많고 똑 부러지는 아이라서 그냥 모르겠다며 발을 빼지는 않을 거라 생각했다.

"음, 계산도 계산이지만 산업 분야에서 쓰일 거 같기도 해요. 프로그래밍을 한다거나 건축설계를 한다거나?"

"그럴 수도 있겠네. 근데 너희들이 직접 그런 일을 하는 건 아니니까 크게 연관성 있는 것 같진 않고…. 수학이라는 과목의 특징을 잘 생각해 보면 아마 알 수 있지 않을까 싶은데, 어때? 수학은 어떤 특징을 가졌을까?"

"수학이요? 어렵다는 것!"

"에이, 그런 거 말고. 수학만이 갖고 있는 특성 말이야."

"글쎄요…."

공부와 성적을 분리할 수 있을 때
공부에 대한 정확한 답이 나온다

현정이는 한동안 생각을 하는 듯했지만 쉽사리 말문을 열지 못했다. 이미 수학에 대해 부정적인 감정을 많이 갖고 있는 현정이에게 한가로이 수학을 배우는 목적이나 특징 같은 걸 짚어 본다는 것은 쉬운 일이 아니었다. 하지만 이럴 때일수록 공부의 목적과 의미를 반드시 환기시키고 한 번쯤은 진지하게 생각해 볼 수 있는 시간을 주는 게 꼭 필요하다.

"쌤이 대학교에서 법학을 공부하던 시절에 있었던 이야기를 잠깐 얘기해 줄게. 아마 1학년일 땔 거야. 교수님이 강의 시간에 이런 질문을 하셨어. '길을 가다가 백 원짜리 동전 하나가 떨어져 있는 걸 발견하고 그것을 주워서 주머니에 넣었습니다. 자, 이 돈은 내 것일까요?'라는 내용이었지. 어때, 현정아. 그 돈은 과연 누구의 것일까?"

"그 돈요? 주운 사람이 임자라고 돈을 가진 사람 것이죠."

"그런가? 그럼 같은 상황인데 백 원이 아니라 천만 원짜리 지폐 뭉치였다면? 그래도 내 돈일까?"

"음, 천만 원은 어마어마하게 큰돈이니까 주인을 찾아 줘야겠죠? 경찰서를 가든지 해서…."

"그래. 근데 교수님이 그런 질문을 던졌을 때 80명이 넘는 법대생 어느 누구도 자신 있게 대답하지 못했단다. 교수님은 어이가 없다는 듯 이런 말씀을 하셨어. '여러분은 왜 법을 배우십니까? 여러분이 법을 배우는 목적이 무엇인지 깊이 생각해 보길 바랍니다. 법학의 목적은 정의를 실현하는 것입니다. 길에 떨어져 있는 돈이 백 원이든 백만 원이든 천만 원이든 근본이 되는 걸 생각한다면 답을 내리는 게 그리 어렵지 않을 겁니다. 무엇을 배우든 그것의 기본 이념과 목적을 이해하는 게 중요합니다. 그런 생각을 해 본다면 법학이 얼마나 상식적이고 논리적인 학문인지를 쉽게 알 수 있을 겁니다'라고 말이야."

"그럼 그 돈은 주운 사람의 것이 아니라는 거네요?"

"하하하, 맞아. 그런데 여기서 쌤이 말하고 싶은 건 현정이 네가 그렇게 어려워하는 수학도 근본적인 목적이 있다는 점이야. 학문이란 건 하나의 큰 시스템과 같아서 한쪽에서 오류가 생기면 전체적으로 모순에 빠지게 되거든. 흔히 수학은 논리의 학문이라고 하지. 우리는 수학을 배우면서 논리력과 사고력과 문제해결력을 기를 수 있어. 그리고 이런 능력들은 다른 학문을 배울 때, 아니 꼭 배우는 게 아니더라도 세상을 살면서 어떤 경험을 하게 될 때에도 적용할 수 있지."

"수학을 잘하면…, 잘 살 수 있다? 이런 식이요?"

각종 책에서 나올 법한 단어들이 내 입에서 나오기 시작하자 현정이는 흥미가 급 반감되었는지 시큰둥한 표정으로 되물었다.

"잘 살 수 있다? 틀린 말은 아니지. 중요한 건 우리가 무엇을 배우든 간에 그걸 배우는 목적과 의미를 알고 공부해야 한다는 거야. 그러면 공부도 인생도 성공할 수 있어."

"좀 어렵긴 해도 약간은 이해가 될 것도 같네요. 그런데 학교나 학원에서는 그런 이야기를 해 주지 않아요. 수학의 목적이고 의미고 간에 그런 얘긴 들어 본 적이 없는 걸요. 그저 같은 문제만 풀고 또 풀고 할 뿐이에요. 맞고 틀린 것만 알려 줘요."

"쌤도 알아. 안타깝게도 우리나라 교육이 그래. 거지 같은 현실이지. 하지만 현정이 너라도 제대로 된 공부를 해 보는 게 어떨까? 학원을 다니는 것이나 과외를 하는 것은 그야말로 보조 수단이고 하나의 방법일 뿐이야. 그게 너의 수학 공부를 해결해 줄 거라는 착각은 하지 말았으면 좋겠어.”

“제대로 된 수학 공부라….”

현정이는 다시금 생각을 하는 듯 시선을 창밖으로 돌렸다. 어쩌면 현정이는 이런 원칙적인 말보다 어떻게 하면 수학 점수를 올릴 수 있을지, 어떤 학원에 다니면 좋을지 당장에라도 도움이 되는 실질적인 조언을 듣고 싶었을지도 모른다. 물론 현정이에게 그런 이야기를 해 줄 수도 있고 그와 관련한 구체적인 계획을 짜서 제시해 줄 수도 있다. 하지만 나는 학생들에게 지금 자신이 하고 있는 공부가 얼마나 의미 있고 멋진 일인지를 스스로 생각할 수 있게 하고 싶었다. 그게 공부를 하는 데 있어서 가장 중요한 일이기 때문이다.

물론 부모님들에게는 이런 말을 할 수 없다. 아마 백이면 백 모든 부모는 현실적인 대안을 요구할 것이다. 하지만 학생들은 다르다. 비록 지금은 현정이가 수학 때문에 고민을 하고 많이 힘들어 하고 있지만 머지않아 그 어려움을 극복할 것이라 본다. 스스로 치열하게 공부하기로 마음먹은 날이 온다면 그때는 아마 내가 한 말을 떠올리면서 그 매력적이고 거대한 수학의 시스템을 들여다보는 즐거움을 누리게 될 것이다.

사람들은 항상 동기부여의 중요성을 강조하면서도 그 방법에 대해선 구체적으로 말하지 않는다. 그저 동기부여가 필요하다고만 말할 뿐이다. 나는 사람이 동기부여가 되는 유일한 순간은 그 일의 의미와 필요성을 깨달았을 때라고 생각한다. 학생들도 마찬가지다. 공부를 해야 하는 의미와 필요성을 알았을 때 바로 제대로 된 공부를 할 수 있다.

아이들이 자신이 하고 있는 공부가 어떤 의미와 가치를 갖고 있으며 왜 해야 하는지를 깨닫게 된다면 지금보단 즐거운 마음으로 할 수 있을 거라 본다. 설령 지금은 하지 않더라도 해야 할 이유와 필요성을 알고만 있더라도 나중에 언젠가는 공부를 하게 될 것이라고 믿는다. 그렇다면 공부하라고 잔소리하고 시험 성적 1, 2점 떨어진 것 갖고 달달 볶아 대는 건 그만해야 하지 않을까? 추상적이고 어려운 말일 테지만 공부가 가진 본래의 목적과 개념을 알려 주고 그걸 스스로 깨달을 수 있도록 이끌어 주는 것이 진정 필요하다.

'공부'에 대한
부모의 시계

**우리 아이에게 대체로 만족한다는
부모를 한 번쯤 만나 봤으면**

우리 속담에 '사공이 많으면 배가 산으로 간다'라는 말이 있다. 또 '선무당이 사람 잡는다'라는 속담도 있다. 나는 이 두 개의 속담을 섞어서 '선무당이 많으면 배가 침몰한다'라는 말을 지어냈다. 내가 이런 말을 짓게 된 것은 이 말에 부합하는 순간을 너무나도 자주 접하기 때문이다. 그 순간들은 주로 두 가지인데, 뒷좌석에 누나 세 명을 태우고 운전할 때와 학부모들과 상담할 때다.

나는 위로 누나만 셋 있는 외아들이자 막내이다. 그래서 집안 행사가 있을 때면 대체로 누나들과 함께 움직인다. 여자 셋이 모이면 접시가 깨진다고 하던가. 누나 셋이 모였다고 상상해 봐라. 그녀들의 수다와 막내인 나에게 쏟아지는 잔소리는 상상을 초월한다. "이 길로 가는 게 더 빠르다" "아니다! 이 길보단 저 길이 낫다" "브레이크 살살 밟아라" "경찰 있으니 속도 줄여라" 등 오만 가지 잔소리가 내 뒤통수를 때린다. 처음엔 짜증과 화가 치밀어 오르지만 조금 더 시간이 지나면 나는 영혼 없는 운전을 하게 된다. 운전대를 잡고 있는 건 나지만, 그녀들의 수다와 잔소리에 점령당한 내 영혼은 그들의 뜻대로 움직이게 된다. 지금은 다행히도 내비게이션이란 고마운 물건 덕분에 이런 잔소리를 듣지 않아도 되었지만, 예전엔 세 명의 선무당 때문에 30분 만에 도착할 거리를 두어 시간이나 걸리는 일도 종종 있었다.

이렇듯 나는 누나들 앞에만 서면 내 의지와 생각을 함부로 말하지 못할 정도로 작아진다. 정확히 말하면 '말하지 못하는' 게 아니라 '말하지 않는' 쪽이 맞다. 왜냐하면 말했을 때 나에게 돌아오는 불이익이 말하지 않았을 때보다 훨씬 크기 때문이다. 배가 산으로 가다 못해 처참히 침몰하게 될 것이라는 사실이 뻔히 보이더라도 그냥 입 다물고 가만히 있는 편이 훨씬 낫다. 서울에 가 본 사람과 안 가 본 사람이 싸우면 안 가 본 사람이 이긴다는 말처럼 정보와 지식이 아닌 추측과 개인의 경험만으로 덤벼드는 사람은 이기기 힘들다. 그래서 이런 때는 마음은 답답하지만 그냥 내버려 두는 것 외에는 마땅한 방법이 없다.

그런데 이런 답답함을 최고조로 느낄 때가 있다. 바로 학부모들과의 상담 시간이다. 내가 하는 일의 특성상 학부모들과 공부를 주제로 자주 상담을 해야 한다. 그들의 요구와 바람은 단 한 가지다. 자녀가 공부를 잘해서 좋은 대학에 가 주는 것. 다른 바람들도 있지만 그것은 곁가지고 핵심은 공부와 성적이다.

안타깝게도 세상엔 그런 부모의 기대에 부합할 만큼 공부를 잘하고 성적이 좋은 아이가 별로 많지 않다. 공부 잘하는 아이들보단 공부 못하는 아이들이 훨씬 많기 때문에 자연히 만족보단 걱정이 많은 부모가 대다수다. 그래서인지 나는 걱정과 근심이 많은 부모들과 더 많이, 더 자주 만날 수밖에 없다. 그런데 그들을 만날 때마다 절대로 넘어설 수 없는 거대한 철벽과 마주하고 있는 것 같은 기분이 자주 든다. 어쩌면 이 기분이 현정이가 수학 때문에 느끼는 절망감 같은 것인지도 모르겠다.

패닉 상태에 빠져 자리를 보전하고 있다던 현정이 어머니는 다음 날 상담을 요청해 왔다. 지금 한가하게 자리나 보전하고 있을 때가 아니란 위기감 때문인지 어머니는 상당히 조급해 보였다. 상담실에서 마주한 현정이 어머니는 심기가 불편하면서도 매우 복잡한 표정으로 내게 물었다.

"선생님, 어떻게 이럴 수가 있죠? 성적이 2학년 기말고사 때보다 더 떨어졌어요. 오르지는 못할망정 무려 20점이나 떨어졌다고요. 지금은 30점대에요. 30점대라니…. 정말 아무리 생각하고 또 생각해도 이 사태를 이해하지 못하겠어요. 학원도 빠지지 않고 잘 다닌 것 같고, 제가 보기에도 현정이가 방학 동안 꽤 열심히 공부한 것 같거든요. 그런데 어떻게…. 대체 뭐가 문젠지 모르겠어요. 선생님 보시기에 문제가 뭔 거 같으세요?"

이런 질문을 받으면 손에 땀이 날 정도로 긴장된다. 질문이 어렵거나 답을 몰라서가 아니다. 답은 누구나 다 알 정도로 간단하고 명확하다. 그리고 겨울방학 전, 학원 문제로 상담하면서 이미 말했던 내용이다. 다만 현정이 어머니가 받아들이지 못했을 뿐이다. 그런데 지금 나는 그것을 다시 반복해서 말해야 한다. 과연 이번에는 현정이 어머니를 설득할 수 있을까?

"어머니께서 많이 실망하셨겠네요. 근데 현정이도 어머니만큼이나 많이 속상해하더라고요. 노력을 안 한 것도 아니고 열심히 한다고 했는데도 이러니 낙담할 수밖에요. 그런데 어머니, 노력만큼이나 중요한 게 방법이라고 봅니다. 제 생각에 그 학원이 현정이와 맞지 않았던 것 같네요."

"그럼 수학 전문 학원에 보낸 게 문제였다는 말씀이세요? 전에 선생님이 말씀하신 대로 학원을 보내기보단 과외를 하는 게 맞았던 걸까요?”

“어머니도 아시겠지만 현정이가 다니고 있는 그 학원은 기초보단 선행을 위주로 가르치잖아요. 기초가 부족한 현정이한테는 학원 수업이 많이 벅찼을 거라 생각합니다. 수업을 따라가기도 바쁜데 과연 제대로 공부나 할 수 있었을까요? 이번 시험에서 좋은 성적을 받기란 당연히 힘들고요.”

“물론 기초가 부족한 게 걱정되기는 했지만 그렇다고 언제까지 기초만 붙잡고 있을 수 없잖아요. 그래서 그 학원에 보낸 건데…. 제 욕심일 수도 있지만 수학 잘하는 아이들과 공부하다 보면 뭔가 자극을 받을 거라 생각했어요. 그러면 자기가 알아서 부족한 건 보충하고 기초도 다질 수 있을 거라 기대했는데 …. 아휴, 남들은 벌써부터 고1 마스터하고 고2 들어간다고 난린데, 우린 아직도 기초 가지고 이러고 있으니 속상해서 정말. 지금부터라도 과외를 붙여서 기초부터 잡을까요? 어떡하죠, 선생님?”

막무가내로 자기 할 말만 하는
엄마들을 대할 때

현정이 어머니는 내가 희망적인 대답을 해 주기를 바라는 듯 간절한 얼굴로 나를 쳐다봤다. 이런 표정을 대할 때면 내 머릿속은 바쁘게 돌아가기 시작한다. 학부모가 바라는 희망적인 대답을 해 줘야 할지 아니면 약간의 논쟁을 감수하고도 솔직하게 얘기해야 할지 잘 판단해야 하기 때문이다.

"일단 그 학원은 그만두는 게 나을 것 같습니다. 현정이도 수업 따라가는 걸 많이 힘들어하고, 또 수학 잘하는 아이들 사이에 있다 보니 저절로 주눅이 든 것 같아요. 사실 저는 이게 더 걱정스러워요. 괜히 잘하는 아이들과 자신을 비교하면서 자신감을 잃어버릴까 봐요. 현정이가 수학을 어려워하는 원인이 기초가 부족해서 그런 거니까 기초를 잘 잡아 주는 선생님한테 과외를 받는 게 더 좋을 것 같습니다."

"그럼 기초 잡는 건 얼마나 걸릴까요? 한 삼 개월 정도?"

"글쎄요. 하기 나름이라 뭐라 말씀드리기가 힘드네요. 현정이가 얼마나 열심히 하느냐, 또 선생님이 얼마나 잘 지도해 주느냐에 달려 있는 문제라…. 너무 촉박하게 생각하지 마시고 여유를 갖고 기다리는 게 낫지 않을까요?"

"선생님이 보기에도 현정이가 그렇게 기초가 부족한가요? 삼 개월이 부족할 정도로요?"

"아, 아니, 제 말은 그런 뜻이 아니고요. 현정이가 지금 자신감이 많이 떨어져 있는 상태라 재촉하기보단 수학에 마음을 붙일 수 있도록 기다리는 게 좋을 것 같아요. 마음이 급하면 되레 잘하던 것도 못하게 되잖아요.”

“그럴 수 있으면 좋겠지만 지금은 그렇게 여유 부릴 때가 아니니까 이러는 거죠. 남들은 고등학교까지 선행을 한 번 하네, 두 번 하네 이러고 있는데 우린 계속 기초만 운운하고 있으니…. 기초도 잡으면서 선행도 같이 할 수 있는 방법은 없을까요? 현정이가 수학에 마음 붙일 때까지 어떻게 기다려요. 그러다 영영 마음을 못 붙이면요?”

학부모가 이렇게 말하면 솔직히 두 가지 생각이 든다. 강 건너 불구경 하듯이 아무 말을 하지 말까 하는 생각과 ‘그럼에도 불구하고’ 계속 설득을 해야 할까 하는 갈등이다.

사실 나도 그리 선한 사람은 아니라서 ‘그래? 맘대로 해 봐라. 얼마나 잘 되는지 좀 보자’ 하는 마음으로 팔짱 끼고 뒤로 물러선 적도 있었다. 공부를 하는 당사자는 아이인데 그러한 사실은 염두에 두지 않고 자기 생각만을 우격다짐으로 밀어붙이려는 부모에게 내가 무슨 말을 해 줄 수 있겠는가. 대체 무슨 자신감으로 자신이 세운 계획대로만 아이가 잘 따라와 주면 성적이 팍팍 오를 거라고 기대하는지 모르겠다. 무리한 계획을 세워 놓고 나중에 성적이 나오지 않으면 아이 탓으로 돌려 버리는 순간이 반복되는데도 부모는 조금도 자신이 잘못했다는 걸 모르고 있다. 아니 알고 싶지 않은 듯하다. 그저 아이가 최선을 다해 노력하지 않아서 그런 거라고 말해 버린다.

한편으론 이런 부모들의 억지스런 생각을 설득하지 못하는 내 자신이 무기력하게 느껴져서 화가 나기도 한다. 이런 악순환이 반복되는 걸 지켜보고 설득해 봤자 대부분의 부모들은 요지부동이다. 그들은 내 말에 귀를 기울이기보단 내가 하는 말 중에서 자신들의 생각을 더 확실하게 밀고 나갈 수 있는 건덕지를 건지는 데에만 온 신경을 세울 뿐이다. 나에게 조언과 도움을 청한다고 머리 숙여 간절히 이야기하지만 결국 모든 결정은 독자적으로 내려 버린다. 만약 내가 그들이 가진 생각의 허점과 오류를 지적하기라도 하면 수긍하기보단 화를 낸다.

사실 부모들이 내게 바라는 건 아이들이 그들의 계획을 잘 따르도록 옆에서 설득해 주고 도와주는 것이다. 그러다 보면 나는 문제를 해결해 주는 게 아니라 부모와 아이 사이를 중재하는 역할을 하게 된다. 중재인은 분쟁의 당사자들을 화해시키기 위해서 때론 양쪽의 입장을 고려하여 각각 다른 말을 할 필요도 있다. 공부를 하는 사람은 아이들이니 그들을 움직이려면 그들 편이 되어야 하고, 돈주머니를 쥐고 있는 건 부모님이니 그들의 비위를 거스를 수도 없다. 이건 정말 어렵고 슬픈 일이다. 하지만 이럴 때일수록 나는 내 본분을 잊지 않기 위해 스스로를 다잡곤 한다. 현정이 어머니에게 다시금 조심스레 말문을 열었다.

"물론 어머니 생각도 맞습니다만, 제가 걱정하는 건 자칫 그렇게 했다가 현정이가 수학을 완전히 포기하면 어쩌나 하는 겁니다. 사실 요즘 수학 포기하는 애들 정말 많거든요. 문제는 수학만 포기하는 게 아니라 다른 과목도 그럴 수 있다는 거죠. 수학 때문에 다른 과목까지 자신감이 떨어지면 큰일입니다. 그래도 지금 현정이를 보면 수학 빼고 다른 과목들은 성적도 좋은 편이고 자신감도 있지 않습니까? 그런데 이번 시험으로 많이 낙담한 것 같아 매우 걱정됩니다. 꽤 열심히 공부했는데도 성적이 떨어지면 스스로 위축되거든요. 보통 이런 경우 대부분의 아이들이 공부에 흥미를 잃곤 합니다. 이런 때 오히려 더 밀어붙이면 완전히 자포자기하는 지경에 이를 수도 있어요. 물론 현정이가 그렇게 약한 아이가 아니라서 다행이지만 지금 거기에서 오는 스트레스가 어마어마한 것 같으니 이 점은 꼭 염두에 두시는 게 좋을 것 같습니다."

학원 시스템이라는 괴물과의
어정쩡한 싸움

교육열이 높다 못해 조급증에 시달리는 부모들에게 잠시라도 브레이크를 걸 수 있는 방법은 그들이 가진 불안보다 더 큰 불안을 제시하는 것이다. 수학 성적이 안 좋아서 생기는 걱정보다 이러다 아예 수학을 포기할 수도 있다는 공포가 더 클 때만이 부모들은 자신의 계획을 유보시킬 생각을 하게 된다. 그렇다고 포기하는 건 아니다. 다만 그 강도를 조금 낮춰야겠다고 생각할 뿐이다. 하지만 이런 공포 작전은 아주 가끔씩만 써야 하고, 사실 효과도 그리 크지 않고 오래가지도 못한다. 내리막을 빠르게 내려가는 자동차의 속도를 조금 늦추는 정도다. 그래도 브레이크가 살짝 걸렸는지 현정이 어머니 표정에 조금 당황한 기색이 보였다.

"그러면 기초를 조금 더 빨리 잡는 방법은 없을까요? 언제까지 마냥 기다릴 순 없잖아요."

물론 있다. 다른 과목은 잠시 제쳐 두고 수학만 집중적으로 공부하는 거다. 그러기 위해선 다른 과목의 학원은 끊는 게 좋다. 하지만 과연 수학에만 매달리는 걸 현정이 어머니가 받아들일 수 있을까? 어머니가 바라는 건 수학 성적을 올리는 것이지 다른 과목의 공부 강도까지 낮추는 게 아니다. 다른 것도 다 잘하면서 수학도 잘하기를 바라는 것이다. 그렇기 때문에 현정이가 지금보다 더 열심히 공부해 주어야 한다고 생각한다. 이런 생각을 갖고 있는 현정이 어머니기에 이 방법을 말해 줄 수는 없다. 결국 내 대답은 하나마나한 말밖에 없다. 그래도 혹시나 하는 마음에 이 방법을 조심스럽게 제시했다.

"단시간 내에 기초를 잡으려면 그만큼 수학 공부하는 데 시간을 많이 투자하는 것밖에 없습니다. 현정이가 잘하는 과목이나 나중에 해도 늦지 않는 과목에 투자하는 시간을 조금 줄여서 수학 공부에 집중하는 거지요.”

“시간을 줄여요? 어떻게요?”

“지금 현정이가 다니는 학원이 영어가 두 개고, 수학, 과학, 국어까지 다섯 개잖아요. 여기서 몇 개만 줄이면 어떨까요? 대신 그 시간에 수학 공부를 하는 거죠.”

내가 이 말을 하자마자 현정이 어머니의 표정이 싸늘하게 굳어졌다. 순간 나는 깨달았다. 아차, 내가 큰 실수를 하고 말았구나! 학원을 끊으라는 말은 하는 게 아니었다. 황당하다는 표정을 짓는 현정이 어머니의 얼굴을 보고 있자니 식은땀이 저절로 흘렀다. 제길, 이걸 또 어떻게 만회해야 하나.

“선생님, 그렇게까지 했는데도 수학 성적이 안 오르면요? 행여 다른 과목까지 떨어지면 그거 책임지실 거예요? 저는요, 수학 성적을 올릴 방법을 찾고 있는 거지 다른 과목은 성적이 떨어져도 상관없다는 게 아니에요. 어떻게 그런 무책임한 말씀을 하시는지….”

무책임…. 그래, 무책임한 말이지. 그래 그럴 수 있어. 난 무책임했어. 애써 인상을 밝게 하며 변명 아닌 변명을 하기로 했다.

“그렇게 받아들이실 수도 있겠지만, 제가 보기에 현정이는 수학만 좀 약하지 다른 건 괜찮다고 봐요. 특히 영어는 혼자 해도 잘할 수 있고요. 실제로 현정이가 영어 하나는 잘하잖아요. 그래서….”

“그것도 학원이다 과외다 이것저것 다 하니까 그만큼 나오는 거예요. 그냥 내버려 두면 스스로 공부하겠어요? 선생님이 우리 현정이를 좋게 봐주시는 건 고마운데, 이 정도 성적이 나올 수 있는건 온전히 현정이 노력만으로 된 게 아니에요. 현정이 네 살 때부터 영어 공부시켰어요. 매일 비디오 보여 주고 CD 틀어 주면서 얼마나 노력을 많이 했는데요. 영어뿐만이 아니에요. 제가 공들인 과목이 한두 개가 아니에요. 여기서 혼자 하라고 그냥 내버려 두면요, 모든 과목이 그냥 다 떨어져요.”

‘그래요. 참 눈물 나게 공들이셨네요. 표창장이라도 하나 만들어 드릴까요?’라는 멘트가 떠올라서 입이 근질근질하다.

우리나라 부모들에게 학원은 신성불가침의 영역이다. 그들은 학원을 안 다니면 공부를 하지 않는 것으로 여긴다. 심한 경우엔 학원을 끊는 걸 공부를 포기하는 것으로 받아들이기도 한다. 학원을 끊게 되는 날이면 과외를 시킬 준비를 한다. 그래서 아이들 역시 학원에 안 가면 노는 시간으로 생각한다.

대체 학원에 가야만 공부를 한다고 생각하는 이 믿음은 언제부터 시작된 것일까? 그리고 그 믿음의 근거는 무엇일까? 그렇다고 학원을 무조건 나쁘게 보는 건 아니다. 나도 학원을 운영했던 경험이 있다. 부족한 과목을 단시간에 효율적으로 보충할 수 있는 좋은 방법이 바로 학원이다. 특히 성적이 낮거나 기초가 부족한 아이들은 학원이나 과외를 잘만 활용하면 빠른 시간 내에 성적을 올릴 수 있다. 하지만 이때에도 역시 스스로 하는 공부가 주가 되어야 하고 학원이나 과외는 부수적인 수단이 되어야 한다.

학원이나 과외는 스스로 공부 계획을 세우고 실행하는 과정에서 활용할 수 있는 보충제지 공부의 핵심은 아니다. 전적으로 학원이나 과외에 의존하는 공부는 타율에 젖게 할 뿐 성적을 올리는 데에는 큰 도움이 되지 않는다. 아니, 장기적으로 봤을 때 공부 못하는 아이를 만드는 가장 큰 원흉이 된다. 사실 성적이 좋은 아이들은 학원을 다녀서가 아니다. 혼자 공부하는 방법과 그 능력을 갖춘 상태에서 학원의 도움을 받았기 때문에 성적 상승이란 효과가 나타난 것이다.

많은 부모들은 아이가 스스로 공부하지 않기 때문에 학원에 보낼 수밖에 없다고 말한다. 그나마 학원에라도 다니기 때문에 공부를 한다고 믿고 있다. 하지만 내 생각은 좀 다르다. 나는 부모들에게 이렇게 묻고 싶다. "아이에게 스스로 공부할 수 있는 기회를 제대로 준 적이 있습니까?" 하고 말이다. 물론 그들은 자신 있게 "그럼요! 얼마나 많은 기회를 줬는데요"라고 대답할 게 뻔하다.

그런데 과연 얼마나 많은 시간을 주었을까? 그리고 과연 얼마를 기다렸을까? 6개월? 1년? 여기에서 아이와 부모의 시차가 벌어지게 된다. 혼자 해 나가기엔 어려울 것이라는, 학교 수업만으로는 부족할 것이라는, 남들도 다 그렇게 하는데 우리 애만 안 할 수 없다는 강한 논리와 신념이 부모들로 하여금 우리 아이들을 학원으로 내몰고 있는 건 아닐까? 만약 그런 환경에서 자란 아이들이라면 스스로 공부하는 방법이나 능력을 기를 사이도 없이 자연스레 학원에 의존하게 되었을 것이다. 닭이 먼저인지 달걀이 먼저인지는 모르겠지만, 결론은 부모나 아이들이나 학원에 지나칠 정도로 의존하고 있다는 것이다.

이 확고한 결론을 함부로 부정하기는 힘들다. 더구나 사교육 시장의 언저리에서 일하는 나 같은 사람은 부모들의 이런 믿음을 부정하거나 깨트리기가 더욱더 어렵다. 이런 상황에서 공부를 해야 할 이유나 목적 같은 걸 논하는 건 현실성 없는 이상적인 담론에 불과하다. 백날 이런 소릴 해 봤자 학부모들의 생각을 전환시키는 계기가 되기보다는 내 밥줄이 날아갈 수 있는 위험한 도박이 될 가능성만 높아진다. 그래서 많은 순간 입을 닫을 수밖에 없다.

현정이 어머니와의 상담도 내 입을 닫고 상대의 의견을 듣는 것으로 끝내야 했다. 나로선 아이의 결정권을 쥐고 있는 어머니의 의사를 존중하는 수밖에 없으니까. 그렇다고 내가 현정이 어머니를 비난하거나 이해 못하는 건 아니다. 나도 자식 키우는 부모로서 그 마음을 충분히 이해할 수 있다. 다만 그 마음이 현정이에게 도움이 되기보단 부담이 될 수 있다는 걸 조금이라도 알아주었으면 하는 것이다. 그리고 자식의 부족함보단 잘하는 것과 장점을 더 인정해 주고 믿음을 가져 주었으면 하는 것이다.

서로의 시차 극복하기

나는 삐딱선을 탄 학원 원장이었다

어른이 되어 온갖 세상 풍파를 겪으면서 나는 세상은 결코 내 마음대로 되지 않는다는 걸 깨달았다. 철없을 때는 나만 잘하면, 내가 더 노력하면, 남보다 더 큰 열정만 있으면 내 뜻대로 될 거라고 자신했다. 하지만 세상은 나만 잘하면 되는 만만한 곳이 아니었고, 열정과 노력만 있으면 '불가능이란 없다'라는 나폴레옹의 명언이 실현되는 곳도 아니었다. 이 당연한 이치를 깨닫기까지 나는 무척 괴롭고 고달픈 과정을 겪어야 했다. 지나고 보니 나의 치열한 노력은 가열한 싸움에 불과했고, 자신감이란 단어 앞에는 '확고한'보다 '근거 없는'이란 수식어가 더 잘 어울렸다는 걸 깨달았다.

사업 실패로 인해 한동안 좌절의 늪에 빠져 있던 나는 우연찮게 초등학생과 중학생을 대상으로 한 학원을 운영하기 시작했다. 그때까지만 해도 학원이라는 곳을 썩 좋게 생각하고 있지 않았다. 내가 어렸을 때만 해도 학원은 공부를 아주 못하는 아이들이 학교 수업을 도저히 따라가지 못해 다니는 곳이기 때문이었다. 소위 머리 나쁜 아이들이 어쩔 수 없이 하는 게 학원이나 과외 공부였던 것이다. 그래서 따로 학원이나 과외 수업을 해야만 하는 아이들은 그러한 사실에 무척 쪽팔려 했다.

이런 부정적인 기억 때문인지 몰라도 처음엔 학원을 차리는 게 무척 꺼려졌다. 하지만 곧 이러한 생각이 나의 고정관념에 지나지 않는다는 걸 알게 되었다. 무서운 이야기지만 21세기의 대한민국 교육 시스템에서 학원은 학교보다 더 중요한 존재가 되어 버렸다. 공교육의 부실로 사교육 위주가 되었는지 아니면 사교육의 극성으로 공교육이 초토화되었는지는 모르겠지만, 어쨌든 지금 학원은 학생과 부모에게 없어서는 안 될 의지처가 되었다. 이러한 상황을 깨닫게 되자 학원을 운영하는 일이 학생은 물론 그들의 부모에게도 도움이 되는 일일 수 있겠다는 생각이 들었다. 실패를 겪고 나서도 여전히 나는 남에게 도움이 되는 일로 호구지책을 삼아야 한다는 이상주의적 고집을 버리지 못하고 있었다. 다르게 말하면, 교육을 하나의 상품으로 여기는 자본주의 사회에서 가장 자본주의적인 모습을 지닌 학원을 어떤 태도와 생각으로 운영해야 할지 모르고 있었던 것이다.

시작은 꽤 좋았다. 인천 지역에서도 교육열이 높은 데다 경제력 있는 중산층 가정이 많은 곳이라 학생 유치엔 별 어려움이 없었다. 엄마의 손에 이끌려 나에게로 온 아이들은 대개 초등학교 3, 4학년이었다. 아이들이 예체능 관련 학원 외에 학습 위주의 학원에 처음 발을 들이게 되는 때가 보통 초등학교 3, 4학년이라고 한다. 1, 2학년 땐 엄마가 조금만 봐 줘도 좋은 성적을 받을 수 있지만 학년이 올라갈수록 교과 수준도 높아지는 데다 아이는 제멋대로 구니 자연스레 통제가 힘들어진다. 이때 뭔가 자신의 힘으로는 감당이 안 된다고 판단한 부모들이 학원 문을 두드리는 것이다.

"선생님, 애 성적이 자꾸 떨어져서 걱정이에요. 3학년까지는 거의 한두 개밖에 안 틀렸는데, 4학년이 되니 서너 개씩 틀리는 경우가 너무 많아요. 게다가 좀 컸다고 제 말은 듣지도 않고, 친구들하고 노는 데만 정신이 팔려서 숙제도 안 하고 공부도 안 해요. 학원에 보내면 그나마 책 한 자라도 더 보고 규칙적으로 공부하는 습관을 가질 수 있을 거 같은데, 괜찮을까요?"

학부모가 이렇게 말하면 학원 원장으로서 뭐라고 대답하겠는가.

"물론이죠. 어머니, 그렇게 걱정하실 필요 없습니다. 4학년부터 공부 요령을 익히고 공부 습관을 잡으면 됩니다. 사실 4학년이면 집에서 어머니가 통제하긴 좀 힘들죠. 제가 맡아서 잘 지도하겠습니다. 걱정 마세요. 하하하!"

"어머, 선생님이 그렇게 말씀해 주시니 제 마음이 든든해요. 앞으로 잘 부탁드려요. 호호호!"

상담은 보통 이렇게 화기애애한 분위기로 끝났다. 그러면 부모는 학원 등록비를 내고 아이를 내게 맡기고 나서 돌아갔다. 나로선 학생 하나를 확보했으니 기쁘고 다행스런 일이긴 했지만 뭔가 좀 이상하다는 생각이 자꾸 들었다.

'서너 개 틀린 게 그렇게 큰일인가? 이제 초등학교 3학년밖에 안 되었는데 점수에 너무 예민하게 구는 거 아냐?'

이런 의문이 들긴 하지만 자식이 공부를 잘해 주길 바라는 부모의 기대려니 하고 대부분 그냥 넘겼다. 하지만 이 의문은 그렇게 쉽게 넘겨 버려서는 안 될 문제였다. 부모들이 학원에 기대하는 건 아주 강한 타율로 아이가 억지로라도 공부하게 만드는 것이었다. 학교에서 내 준 숙제뿐만 아니라 학원에서 내 준 숙제도 손쉽게 해치울 수 있길 원했다. 그리고 학원은 아이에게 더 많은 숙제를 내 주고, 더 자주 보충수업을 해 주고, 시험 기간엔 시험공부를 따로 시켜 주길 바랐다. 나는 아이들을 더 오랫동안 책상에 붙잡아 두고 더 많이 공부하게 만들었다. 중요한 건 부모가 만족할 만한 성과, 즉 시험 점수라는 형태로 그들이 바라는 결과를 내야만 한다는 사실이다.

학원은 학교와 달리 소비자가 지불하는 돈으로 운영되는 교육 서비스업이다. 따라서 소비자의 요구에 부응해야 한다. 이때 학원이 부응해야 할 소비자는 학생이 아니라 학부모다. 그러니 학원 운영자는 학부모의 요구를 충실히 받아들여야 한다. 나는 이러한 요구에 부응하기 위해서 더 오랫동안 아이들을 학원에 붙잡아 두고 더 많은 문제를 풀게 하고, 더 많은 숙제를 내 주었다. 그리고 이런 노력은 부모들 사이에서 '아이들을 꼼꼼히 지도하는 성실한 선생'이란 평가로 돌아왔다. 나에겐 무척 기쁜 일이었다. 이런 평가는 곧 학생 수의 증가와 학원 수익으로 이어졌기 때문이다. 하지만 마냥 마음 놓고 기쁘지만은 않았다. 어느 날부터인가 자꾸 뭔가 거슬리기 시작했다. 처음엔 그게 뭔지 잘 몰랐다. 그냥 뭔가 이상하고, 이건 좀 아닌 것 같다는 기분이 계속 맴돌았다.

목이 마르지 않는 말에게
억지로 물을 먹이고 있다

한동안 그렇게 찜찜한 기분으로 지내다가 형석이라는 아이와 대화를 나누게 되면서 그게 뭔지 알게 되었다. 그날 형석이는 자습

실에 혼자 남아 내가 내 준 문제 풀이 숙제를 하고 있었다. 나는 별 생각 없이 이렇게 물었다.

"형석아, 이제 곧 시험인데, 시험 계획 잘 세웠어?"

그런데 녀석이 질문이 이상하다는 듯 뜨악한 표정을 지었다.

"아니요."

"뭐야? 아직까지 시험 계획도 안 세우면 어떡해? 공부 안 하고 있는 거야?"

"하고 있는데요."

"인마, 무작정하면 어떡해. 계획을 세워 가면서 해야지."

내 말을 도통 이해할 수 없다는 듯 형석이는 고개를 갸웃거리며 조심스럽게 말했다.

"선생님이 해 주시잖아요. 선생님이 하라는 건 빠짐없이 다 하고 있는데요?"

"뭐?"

난 형석이의 말이 금방 이해가 안 되었다. 저 질문의 답에 '왜 내가 나오지?'라고 생각하며 며칠 동안 형석이가 한 말을 가지고 고민했다. 그러다 시험 대비 특강을 위해 준비한 프린트물을 챙기다가 문득 그 말의 의미를 깨닫게 되었다. 정말 형석이는 시험공부 계획을 짤 필요가 없었다. 왜냐면 내가 형석이를 대신해서 다 정해 놓았기 때문이다. 형석이는 그저 내가 짠 계획대로 잘 따라오면 되는 일이었다. 그걸로 아이들은 시험공부를 하고 있었다.

생각해 보니 지금까지 나는 아이들에게 스스로 시험공부 계획을 짜고, 알아서 시험공부를 해야 한다고 말한 적이 없었다. 아니, 솔직히 말해 학원 입장에선 아이가 자신만의 계획을 세워서 공부하는 게 그리 반갑지 않았다. 이중으로 계획을 짜고 이중으로 공부하는 건 시간 낭비고, 그렇게 되면 학원에서 짠 스케줄에 아이가 못 따라오는 일이 생길 수도 있다. 그래서 아이가 주도적으로 하는 것보단 학원 시스템에 순응해 주는 게 좋다. 학생 입장에서도 학원 시스템에 순응하면 스스로 계획을 짤 필요도 없고, 자신의 부족한 점이나 문제점들을 귀찮게 생각할 필요도 없다. 대신 학원에서 내 준 숙제만 잘하고 학원에서 짚어 준 문제만 잘 풀면 시험 대비를 잘하고 있다고 생각하게 된다.

이러한 사실을 깨닫고 무척 당황했다. 나는 아이들이 나를 믿고 잘 따라와 주기를 바랐다. 순진하게도 나는 아이들이 학원에서 공부하면서 규칙적인 공부 습관을 갖고 스스로 공부하는 법을 익히게 될 거라고 믿었다. 학원을 운영하면서도 공부는 스스로 하는 거라고 생각했다. 학원의 역할은 말을 물가로 데려가는 것이지 결코 물을 떠서 입에 넣어 주는 게 아니라고 믿었다. 하지만 지금까지 나는 목이 마르지 않는 말에게도 억지로 물을 먹이고 있었다.

그런데 더 큰 문제는 학원에서 시키는 대로 하면 공부를 하는 거라고 생각하는 아이들이었다. 아이들뿐만 아니라 부모들도 마찬가지였다. 나는 학원에서 충분히 공부했다는 생각이 들도록 내 역할에 충실했다. 아이들을 잠시도 가만두지 않고 끊임없이 프린트물과 숙제를 내 줬다. 숙제를 다 하지 않으면 집에 돌려보내지 않고 다 끝낼 때까지 옆에 지키고 서 있기도 했다. 그 덕분에 우리 학원 아이들의 시험 성적은 엄마들을 만족시킬 수 있었다. 하지만 아이들은 나를 신뢰하는 게 아니라 나에게 의지하게 되었다. 정확히 말하면 학원 시스템에 너무도 잘 순응해 버렸다.

이를 깨닫고 나니 예전처럼 즐거운 마음으로 아이들을 대할 수가 없었다. 그렇다고 한창 잘되고 있는 학원을 때려치울 수도 없고, 계속하자니 내가 하는 일에 심한 회의감이 들었다. 불편한 마음을 꾹꾹 누르며 하루하루 버티고 있는데, 하필이면 막가파 학부모가 상담하러 오면서 간신히 막고 있던 둑이 터져 버렸다.

"이 학원이 아이들을 아주 잘 가르친다는 소문을 듣고 왔어요. 그렇게 엄하고 꼼꼼하다면서요. 선생님, 제발 우리 애 좀 잡아 주세요. 말로 안 되면 때려서라도 공부하게 해 주세요. 정말 집에 오면 교과서 한 번 펴 보는 일이 없어요. 맨날 애들하고 놀 궁리나 하고 있고, 진득하니 책상에 앉아 있는 꼴을 못 봤어요. 한 시간이라도 열심히 공부하는 걸 보면 제가 소원이 없겠어요."

학부모가 이렇게 하소연하면 예전엔 자신만만한 미소를 띠고 이렇게 말했다.

"어머니, 애들이 다 그래요. 그나마 학원에라도 오니 공부를 하는 거죠. 걱정 마세요. 우리 학원에 오면 공부할 수밖에 없을 거예요. 하하하!"

이게 학부모가 원하는 대답이고, 이렇게 말해야 학원이 잘 운영되었다. 하지만 한 번 삐딱선을 타기 시작한 나는 학원을 운영해야 하는 원장이라는 본분을 망각해 버렸다. 고작 초등학교 2학년짜리 아이가 시험에서 서너 문제 틀렸다고 학원으로 끌려와야 했을까? 대체 이 부모가 아이에게 기대하는 모습은 뭘까? 머릿속에 이런 생각이 차오르면서 뜨거운 불길이 가슴속에서 치밀어 올라왔다. 그리고 이 불길은 내 입에서 헛소리가 나오게 만들었다.

"어머님, 너무 눈앞에 보이는 점수에만 연연하다가는 큰 것을 놓칠 수도 있습니다. 시키는 걸 잘 따라 한다고 공부를 하고 있다고 할 수 없어요. 그럴 바엔 오히려 아무것도 안 하고 있는 게 낫죠. 지금은 아무것도 안 하더라도 해야 할 때가 오면 언젠가는 잘할 수 있어요. 근데 남이 던져 주지 않으면 아무것도 못하는 사람은요, 혼자서는 정말 영원히 아무것도 못할 수도 있어요. 공부는 아이 스스로 해야 하는 거예요. 공부할 마음이 전혀 없는 아이를 학원에 앉혀 놓아 봤자 아무 소용없어요. 학원에 보낸다고 애들이 공부할 거라는 기대는 하지 마세요."

이렇게 말하는 학원 원장에게 아이를 맡길 학부모가 어디 있겠는가. 그 학부모는 어이없다는 표정으로 나를 한참 노려보더니 그냥 '홱' 돌아가 버렸다. 그리고 곧 나의 만행이 동네 엄마들 사이에 일파만파로 퍼졌고, 얼마 못 가 학원 문을 닫아야 했다. 학부모들이 싫어할 말만 골라서 해 댔으니 학원 운영이 잘될 리가 없었다. 하지만 그때 그렇게 말했던 걸 후회하지 않는다. 비록 돈벌이를 위해 시작한 일이었지만 나는 아이들의 공부에 도움을 주고 싶어서 학원을 시작했기 때문이다. 하지만 결과는 도움이 아니라 아이를 수동적이고 의존적으로 만드는 데만 일조한 꼴이 되어 버렸다.

학원 의존증은 거의 불치병 수준

냉정하게 보면 문제의 본질은 학원이 아니었다. 학원 자체가 아니라 부모와 학생의 '학원 의존증'이었다. 학원을 그만둘 때까지만 해도 이 병이 얼마나 무서운 불치병인지 몰랐다. 병의 심각성을 실감한 건 교육 컨설턴트라는 일을 시작하고 나서였다. 그때 나는 분기인지 의기인지는 모르겠지만 학원에 의존하는 잘못된 풍토를 바로잡고 아이들이 주도적으로 자신의 공부를 이끌 수 있게 도와야겠다는 생각을 했다.

하지만 이 결심은 학생들을 만날 때마다 흔들렸다. 학생을 지도 하려면 학습 방법, 학업 능력, 성적을 비롯해 성격, 취미, 교우 관계, 가족 관계 등 아이에 대한 전반적인 정보를 알아야 하는데 그러기가 쉽지 않았기 때문이다. 다음은 학생과 상담할 때 보통 오가는 대화 내용이다.

마크 쌤 : 그래서 이 과목은 지금 어떻게 공부하고 있니?
(스스로 어떤 공부를 하고 있니?)

학생 : 학원 다니는데요. (이거면 됐지, 뭘 더 바라는 거야?)

마크 쌤 : 그, 그렇구나. -_-;;; 그럼 그 학원은 왜 다니는 거지?
(어떤 점을 보완하려고 그 학원에 다니느냐고? 목적이 있을 것 아냐, 목적이!)

학생 : 성적 떨어져서요.
(아씨, 이상한 쌤이네. 왜 다니겠냐? 성적 올리려고 다니는 거지.)

마크 쌤 : 그래? 학원에선 무엇을 어떻게 배우고 있는데?
(성적을 올리기 위해 학원에서 하는 공부가 뭐냐고! 좀 구체적으로 말해 봐, 짜식아!)

학생 : 음, 일주일에 세 번 가고요. 요즘은 시험 대비 때문에 주말에도 가요.
(안 빠지고 이 정도로 열심히 다니면 된 거지. 뭘 어떻게 배워?
왜 이래, 아마추어처럼!)

마크 쌤 : -_-;;; 좋아, 그럼 그 학원은 언제까지 다닐 계획이니?
(학원에 다니는 목표가 있을 거 아냐? 네 생각엔 어느 정도면
목표를 달성할 수 있을 것 같아?)

학생 : 네? (아, 짜증나! 언제까지긴. 대학 갈 때까지지!)

잘 읽어 보면 알겠지만 괄호 안에 있는 말이 서로의 진짜 속마음이다. 나를 찾아오는 대부분 아이들은 학원을 다니고 있거나 과외를 하고 있는, 그렇지 않으면 학원이나 과외를 막 시작하려고 하는 아이들이다. 그래서 공부와 관련된 상담 내용은 주로 학원과 과외에 대한 것이다. 그런데 대화를 자세히 들여다보면 학원을 다니는 목적도 불분명하고, 열심히 공부를 해야겠다는 의지도 딱히 찾아보기 힘들다. 성적을 올리기 위해 학원의 힘을 빌리는데도 성적이 오르지 않는 비밀이 바로 여기에 있다. 학원에 다니는 것만으로 공부를 다 했다고 생각하는 학생들의 착각과 학원이라도 보내니 저 정도 성적이 나온다고 생각하는 부모들의 착각으로 만들어진 '학원 의존증' 때문이다. 학원에 다녀서 성적이 쑥쑥 오른다면 학원에 다니는 모든 학생의 성적이 좋아야 한다. 하지만 현실은 소수만이 학원 덕을 보고 있을 뿐, 대다수는 돈과 시간을 허비하고 있다. 매일 학교에 가는 것처럼 영혼이 없는 채로 왔다 갔다 시간만 때우고 있는데 과연 좋은 성적을 기대할 수 있을까. 이렇게 하다간 제대로 공부할 기회까지 놓쳐 버릴 수도 있다.

내가 우리나라 교육과 학원 의존증에 대해 침 튀기며 열변을 토할 때면 사람들은 백이면 백 이렇게 항의한다.

"그래서 뭘 어쩌라고? 누가 몰라서 그래? 현실이 개떡 같은 걸 나더러 어떡하라고. 그렇게 문제점만 말하지 말고 대안을 말해 봐.

속 시원한 대안을!"

이런 항의에 내가 내놓는 대안은 공부에 대한 생각을 180도 바꿔 보자는 것이다. 생각을 바꾸면 그에 따라 방법도 달라질 것이기 때문이다.

'공부를 왜 하는가'라는 질문에 답은 뻔하다. 부모는 공부를 잘해야 나중에 성공적인 인생을 살 수 있을 거라고 말한다. 열심히 공부해야 좋은 성적을 받을 수 있고, 그래야 좋은 대학에 진학하여 좋은 직장에 들어가 윤택하고 안정된 인생을 살 수 있다고 말한다. 그리고 그런 생각이 우리 사회에 하나의 공식처럼 여겨지고 있다. 그렇다면 어렸을 때부터 이 공식에 세뇌당한 아이들은 어떻겠는가. 그들 역시 부모와 마찬가지로 비슷한 대답을 한다. '좋은 성적을 받기 위해서'라고.

하지만 안타깝게도 우리나라 교육은 성적 우수자를 가려내기 위한 경쟁 위주의 교육이기 때문에 모든 아이가 좋은 성적을 받을 순 없다. 그래서 공부의 목적을 성적에 두면 성적이 나쁜 아이들에게는 좌절감을, 그 아이의 부모에게는 조급증만을 주게 된다. 이 상황에서 학생과 부모들이 선택할 수 있는 건 둘 중 하나다. 공부를 하거나 아니면 포기하는 것. 그래서 부모들은 아이가 공부 안 하고 속을 썩이면 이렇게 소리친다. "그럼 공부 때려치우고 다른 걸 해"라고. 하지만 아이들은 공부도 안 할 뿐더러 다른 것도 안 한다. 이렇게 수

많은 아이들과 부모들은 이러한 양자택일의 구조 속에서 이러지도 저러지도 못한 채 서로를 괴롭히며 시간만 보내고 있다.

그런데 만약 성적을 위한 게 아니라면 굳이 공부를 안 해도 되는 걸까? 공부는 오직 시험공부일 때만 의미를 갖는 걸까? 나는 절대로 아니라고 본다. 공부는 그렇게 허접한 게 아니다.

수많은 정보 속에서 내가 원하는 정보를 선택하고, 그것을 이해하고 분석해서 응용하는 과정이 바로 공부다. 그러한 지적 훈련을 통해서 아이들은 인내력과 이해력, 추리력, 논리력, 판단력, 문제해결력, 통찰력, 창의력과 같은 능력을 기를 수 있다. 이런 능력들은 사회생활뿐만 아니라 인생을 잘 살아가기 위해서도 필요하다. 이런 능력이 부족하면 아무리 좋은 대학을 나와도 사회적으로 성공하기 힘들 것이다. 그런데 성적이 안 좋다고, 또 공부하기 싫다고 포기해 버리면 이런 능력을 대체 무슨 수로 기를 수 있겠는가.

아이들뿐만 아니라 나를 포함한 부모들도 시험공부가 아닌 그 이상의 공부는 생각해 본 적도 없고 누가 알려 준 적도 없었다. 그래서 좋은 성적을 받기 위한 시험공부만이 공부의 전부라고 생각해 왔다. 지금은 이 좁은 생각에 현실의 문제와 부모의 불안까지 겹쳐 아이들에게 대물림하고 있다. 예전보다 지금의 아이들이 더 심한 스트레스를 받는 이유가 여기에 있다. 성적만을 목표로 공부를 해 왔기 때문에 공부는 결코 즐거울 수 없는 고통과 인내의 시간이라고 생각하게 된 것이다.

성적과 성공이 비례한다는 시험 중심의 공부 개념에서 벗어나 성장과 탐색의 개념으로 공부를 바라보면 훨씬 더 즐겁고 다양한 선택을 할 수 있을 것이다. 시험과 성적의 압박이 없다는 사실만으로도 아이들은 좀 더 편한 마음으로 공부를 바라볼 수 있다. 그러기 위해선 부모들이 공부에 대한 선택권과 주도권을 아이에게 넘겨주어야 한다. 아이 스스로 선택해서 공부할 수 있는 기회를 가질 때만이 비로소 '진짜' 공부를 할 수 있을 것이다.

이렇게 말하면 아마 부모들은 펄쩍 뛸 게 분명하다. 그랬다간 얼씨구나 하며 절대로 공부를 안 할 거라며 강력히 반대할 것이다. 그나마 겨우 유지하고 있는 성적까지 떨어지면 어쩔 거냐고 화를 내는 부모들도 있을 것이다. 물론 부모들의 걱정과 우려는 충분히 이해된다. 그리고 그 우려대로 선택권과 주도권을 쥔 아이들은 공부하기보단 노는 데에 정신이 팔릴 수도 있다. 하지만 그런 방탕한 시간은 그리 오래 가지 않을 것이다.

아이에게 선택권을 준다는 게 네 멋대로 하라고 내버려 두라는 뜻은 아니다. 아이에게 공부를 해야 할 이유를 강요가 아닌 알아듣기 쉽게 설명을 해 주라는 말이다. 아마 처음에는 선뜻 이해하지 못하고 반항할 수도 있다. 하지만 성적이 아닌 지적인 성장, 내면의 성장을 위해서 공부가 필요하다는 걸 깨닫는다면 아이 스스로 책상 앞에 앉을 것이다. 그리고 그때 비로소 즐거운 마음으로 지적 성장을 이룰 수 있는 '진짜' 공부를 할 수 있을 것이다.

우리나라 교육의 가장 큰 문제점은 21세기는 지식정보화 사회라고 말하면서 여전히 산업화 시대의 교육을 하고 있다는 점이다. 산업화 시대의 교육은 생각을 하도록 만드는 게 아니라 암기를 목적으로 한 주입식 교육이다. 성실함과 암기 능력만 좀 뛰어나면 좋은 성적을 받을 수 있다. 문제는 이런 교육으로는 사고력과 논리력을 기를 수 없다는 점이다. 지금 우리 사회는 사고력과 논리력이 바탕이 된 창의력을 요구하고 있는데 정작 교육 시스템은 다른 방향으로 가고 있으니 어떻겠는가. 창의력이 나올 수 없는 시스템에서 창의력을 요구하는 사회에서 살고 있다는 게 우리 아이들의 가장 큰 비극일지도 모른다.

성적만을 위한 공부, 학원에 의존하는 수동적인 공부는 효과도 없을 뿐더러 아이에게 마이너스만 된다. 스스로 주도하는 공부, 성적이 아닌 성장을 위한 공부만이 성적은 물론 여러 능력까지 다 잡을 수 있는 유일한 방법이지 않을까?

3. '공부'에 대한 시차 점검

번 호	문 항	전혀 그렇지 않다 0 min	보통이다 15 min	가끔 그렇다 30 min	자주 그렇다 1 hour
1	좋은 성적으로 좋은 대학에 가는 것이 아이에게 최선이다.				
2	부족한 과목을 위해서 학원은 필수라고 생각한다.				
3	잘하든 못하든 아이의 성적에 지속적으로 관심을 가져야 한다.				
4	우리 아이의 학원은 내가 직접 알아보고 보낸다.				
5	우리 아이는 스스로 공부하는 적이 없다.				
6	나는 집에서 아이에게 공부를 시키고 있다.				
7	스스로 하지 않으니 시키는 수밖에 없다.				
8	아이의 공부 때문에 남편과의 의견 차이가 자주 발생한다.				
9	적어도 '인서울'은 해야 밥 먹고 살 수 있을 것이다.				
10	남들 하는 만큼 한 것 같은데 아이가 잘 따라 주지 않는 것 같아서 불안하다.				
11	우리 아이는 시험 기간에도 너무나 느긋하다.				
12	아이가 지금 하고 싶은 것들은 대학생이 된 후에도 얼마든지 할 수 있다.				

시차 진단 해설표

시차 0~3시간 "공부? 네가 해라. 아님 말고~."

자녀의 공부에 대해 소통이 잘 되고 있는 부모다. 공부는 스스로 해야 하는 것임을 아는 데에서 그치지 않고 가급적 자녀가 직접 공부에 대한 선택과 결정을 할 수 있는 기회를 주려고 한다. 기다리는 시간이 예상 외로 오래 걸리거나 성적이 오르지 않는 위험요소는 있겠지만, 결국 자녀가 공부의 본질을 알게 된다면 성공은 따 놓은 당상.

시차 3~6시간 "이런 식으로 공부하면 곤란한데…"

자녀가 스스로 공부하기를 바라지만 현실에서 부딪히는 여러 상황들 때문에 불안한 상태이다. 자녀가 공부하는 모습을 예의 주시하며 관리 모드로 전환할 준비를 갖추고 있다.

시차 6~9시간 "공부, 이렇게 해야 하는 거야."

자녀의 공부에 부모의 결정권이 많이 들어가 있는 상태이다. 성적과 결과에 따라 부모의 결정권이 주기적으로 확대되며, 자녀가 노력하는 과정보다는 현실의 문제점을 교정하는 데에 필요한 여러 가지 조치들을 직접 취하려고 한다. 주로 학원을 오래 다닌 중상위권 학생들 부모에게서 많이 보이는 패턴이다.

시차 9~12시간 "너는 공부라 하지만 나에겐 장난으로 보일 뿐."

공부에 대한 자기결정권이 없는 상태이다. 공부에 대한 목적과 의미는 온 데 간 데 없다. 지금 극복해야 할 장애물은 오로지 부족한 자녀의 성적과 태도뿐. 학원은 물론 공부 시간이나 교재에 이르기까지 부모가 관여하고 결정하는 전형적인 푸시형 관계이다. 자녀는 노력한다고 해도 공부 코치인 부모에게는 우습기만 하다.

12:00
브라질 vs 한국

PART★4

꿈에 대한 시차 극복하기

왜 '꿈'에 대해 스트레스를 받는다고 하는 걸까?

예전에도 접대용 꿈은 있었다

대부분의 아이들처럼 나 역시 초등학교 땐 꿈이 많았다. 많은 정도가 아니라 변덕스러울 정도로 수시로 꿈이 바뀌었다. 어느 날은 정의로운 경찰관이 되었다가, 때로는 용감한 소방관이 되었다가, 가끔은 훌륭한 의사 선생님이나 세상을 깜짝 놀라게 할 발명품을 만드는 과학자를 꿈꾸었다. 이렇게 꿈이 수시로 바뀐 이유는 내가 상상력이 풍부한 아이여서가 아니라 토요일이면 나를 TV 앞에 앉게 했던 〈주말의 명화〉 때문이었다. 그 주에 방영되는 영화 속 주인공이 되고 싶었는지는 몰라도 주인공의 직업에 따라 내 꿈도 바뀌었다. 어떤 날에는 폼 나게 권총을 뽑아 들고 악당과 맞서 싸우는 서부의 사나이를 꿈꿨고, 또 어떤 때엔 사자와 악어가 가득한 정글 속을 탐험하는 멋진 모험가의 모습을 상상하였다. 그 유통기한이 고작 일주일밖에 안 되었지만 그 꿈을 만끽하고 상상하는 시간이 즐겁고 행복했다. 하지만 이 자유롭고 즐거운 꿈의 향연은 그리 오래가지 못했으니, 초등학교 2학년 때 비로소 꿈이라는 것의 실체를 깨닫게 되었기 때문이다.

그해 여름, 방학이 시작되자 나는 이모네 집에 놀러 갔다. 찌는 듯한 더위가 한창인 여름날 한낮으로 기억한다. 마루에 배를 깔고 누워 이모가 깎아 주는 참외를 먹으며 당시 인기를 끌고 있던 《스타워즈》 만화책을 보고 있었다. 그런데 이모가 뜬금없이 "동우야, 넌 나중에 커서 뭐가 될 거야?"라고 물었다. 대답은 내가 보고 있던 만화책 속에 있었다. 그때 나는 광선검을 들고 우주의 평화를 지키기 위해 싸우는 〈스타워즈〉의 주인공, 루크 스카이워커에 완전히 '뿅' 가 있었다. 친구들과 놀 때마다 50센티 대자를 광선검인 양 들고서는 '지잉' 소리를 내며 이리저리 휘두를 정도였다. 그러니 내 꿈은 너무나도 분명했다. 나는 자신만만한 표정으로 "기사가 될 거예요"라고 큰소리로 대답했다. 그 순간 뭔가 모를 이상한 분위기가 느껴졌다. 이모는 참외를 깎던 손을 멈춘 채 당황한 표정으로 나를 바라보았다.

"기사라니? 어떤 기사? 설마 택시 기사는 아니지? 아니면 사진 기사?"

진지한 얼굴로 잘못된 것을 바로잡으려는 듯한 이모의 태도에 본능적으로 큰 실수를 했다는 걸 깨달았다. 내가 말하는 '기사'는 제국의 평화를 위해 공주님을 보호하고 악당들과 맞서 용감하게 싸우는 'Knight'였는데 이모는 전혀 다른 의미로 받아들이고 있었다. 하지만 고작 아홉 살짜리 초등학생이 어른에게 자신이 생각하는 의미를 제대로 설명하기란 불가능했다. 이모는 내가 택시 기사와 사진 기사 둘 중 조금이라도 더 나은 것을 고르기를 초조하게 기다리는 눈치였다. 만약 내가 영특한 아이였다면 택시 기사와 사진 기사가 아닌 이모가 더 흡족해할 만한 걸 말했겠지만 당시 내 수준으로선 어려운 일이었다. 나는 이모의 눈치를 보면서 말끝을 흐리며 대답했다.

"사… 사진 기사요…."

나름 고민해서 대답했건만 어찌된 일인지 이모는 뭐 씹은 듯한 떨떠름한 표정을 지었다.

"사진 기사가 되고 싶어? 사진을 정말 좋아하는가 보구나."

이모는 나를 보며 한숨을 '휴'하고 내쉬었다. 그러고 나서 들고 있던 참외를 마저 깎기 시작했고, 우리 사이에는 더 이상 아무런 대화가 오가지 않았다. 어린 나이였지만 이모와 나 사이에 뭔가 모를 어색함의 장벽이 가로놓인 것을 분명히 느낄 수 있었다. 조금 전처럼 편안하게 만화책을 보며 참외를 먹을 수 없었기에 조용히 만화책을 챙겨 들고 사촌 형 방으로 피난을 갔다. 문을 닫으며 이모의 얼굴을 힐끔 훔쳐봤는데 이모가 혼잣말로 이렇게 중얼거리는 것 같았다.

"텄다!"

당시 나는 '텄다'라는 단어의 정확한 뜻은 몰랐지만 뭔가 안 좋은 거란 건 느낄 수 있었다. 그리고 곧 그 단어의 뜻을 확실하게 깨닫게 되었다. 이모의 집에서 돌아온 바로 그날, 엄마는 나를 보자마자 내 등짝을 힘껏 후려쳤다. 엄마는 단단히 화가 나 있었다. 지금까지 태어나 그렇게까지 화가 나 있는 엄마의 모습은 처음 보았다.

"이놈아, 사내자식이 뭐 할 게 없어서 사진 기사야! 내가 너 그거 하라고 공부시키는 줄 알아?"

엄마는 그 말을 시작으로 나를 쥐 잡듯 잡기 시작했고, 나는 장장 한 시간가량 엄마의 잡도리에 시달리며 손이 발이 되도록 싹싹 빌어야 했다. 이모의 집에서 뭔가 실수를 했다는 건 직감했지만 이 정도로 크게 혼이 날 일인지는 전혀 생각지 못했다. 그런데 무엇보다 '사진 기사'라고 말한 것에 엄마가 왜 저렇게 화를 내는지 이해할 수 없었다. 내가 말한 기사는 멋진 용사인데 이모가 제멋대로 알아들은 걸 갖고 무작정 화를 내는 게 억울했다. 하지만 '잘못했어요'라는 말 외엔 아무 말도 하지 못했다. 내 뜻을 설명하기엔 엄마의 화난 모습이 너무나도 무서웠고 그때의 나는 너무나도 어리고 무력했기 때문이다.

폭풍이 지나간 후, 내 방에 혼자 앉아 훌쩍거리면서 한 가지 사실을 깨달았다. 꿈은 내 멋대로 함부로 꾸는 게 아니라는 것을. 내가 원하는 게 아니라 엄마가 좋아할 만한 꿈이어야 오늘처럼 혼나지 않는다는 걸 말이다. 그날부터 나는 자유롭게 꿈의 향연을 펼치던 방탕한 날들을 청산했다. 그리고 엄마와 아빠가 말만 들어도 흡족할 만한 접대용 꿈을 만들었다. 아 참, 이모도 빼놓을 수 없다. 이모에게 말한 꿈들은 반드시 엄마에게 실시간으로 전송된다는 것도 함께 알게 되었으니 말이다.

"나는 커서 우리나라를 더 좋은 나라로 만드는 훌륭한 대통령이 될 거예요."

자신감 넘치는 표정으로 또박또박 말하면 어른들은 모두 좋아했다. 그리고 덕담으로 꼭 이렇게 말했다.

"그래, 사내자식이면 대통령 정도는 꿈꿔야지. 그러려면 열심히 공부해야 하는 거 알지? 하하하!"

어른들이 인정하는 꿈만
생각해야 하니까 싫은 거야

대통령이 되겠다는 접대용 꿈 덕분에 한동안 엄마에게 혼나는 일은 없었다. 그런데 어른들은 정말로 대통령이 되겠다는 내 말을 믿었던 걸까? 대통령이란 자리가 어떤 건지도 대통령이 뭘 하는지도 모르는 어린애가 말하는 걸 진짜로 믿고 좋아했을 리 없다. 그렇다고 내가 장차 대통령이 될 싹수가 보일 만큼 영특하고 똑똑한 아이는 아니었다. 아마도 어른들은 거창하고 큰 꿈을 위해 노력하다 보면 중간은 가지 않을까 하는 기대감 때문에 좋아했던 것이 분명하다. 대통령은 못 되어도 검사, 판사 정도는 될 거라 생각했을 것이다. 그래서 어른들은 아이들에게 늘 이렇게 말한다. 자고로 꿈은 원대하게 가져야 한다고.

어쩌면 이런 말 때문에 아이들이 꿈이라는 존재로 인해 스트레스를 받고 있는지도 모르겠다. 솔직히 말해 아이들에겐 자신이 원하는 꿈을 꿀 자유가 없다. 어른들은 늘 아이가 원하는 게 아닌 자신들이 기대하는 꿈만을 인정하고 강요한다. 그러면서 틈만 나면 아이들에게 꿈이 뭐냐고, 나중에 뭘 하고 싶으냐고 묻는다. 그것도 아주 친절하게 말이다. 이런 질문을 받으면 아이들은 대체로 어떻게 반응할까? 일단 겁부터 먹는다. 괜히 말 한마디 잘못했다가 무슨 험한 꼴을 당할지 걱정부터 한다. 솔직하게 얘기했다가 일진 사나웠던 경험을 몇 번 한 뒤로 아이들은 최대한 말을 아끼는 게 최선이라는 걸 터득하게 되었다. 특히 성적과 장래 희망을 얘기할 때에는 각별히 조심해야 한다. 철저하게 준비된 말만 하거나 아예 묵비권을 행사하는 것이 좋다. 그래서일까? 아이들은 어른들 입에서 '꿈'이라는 단어만 나와도 경기를 일으킨다. 그 정도가 내가 자랄 때보다 더 심해진 것 같다.

우연인지 운명인지 모르겠지만 삶의 굴곡을 몇 번 거치고 나서 나는 교육 컨설턴트가 되었다. 선생님이란 직업을 막연하게 동경한 적은 있지만 진지하게 교육과 관련된 일을 하고 싶다고 생각한 적은 없었다. 더군다나 한때 정의로운 법관을 꿈꾸며 고시 공부에 뛰어들었던 나였기에 아이들을 대상으로 하는 일을 할 거라곤 상상도 하지 않았다. 그런데 나와 안 맞을 거라는 우려와 달리 뜻밖에도 나는 아이들과 어울리는 일이 잘 맞았다. 어른보단 아이들과 어울리는 게 더 재미있고, 무언가를 가르치는 일이 즐거웠다. 뒤늦게야 나의 적성과 재능을 찾은 것이다.

교육 컨설턴트도 사교육의 일부지만 학원에서 아이들을 가르치는 것과는 성격이 조금 다르다. 아이들에게 직접 교과 내용을 가르치는 게 아니라 아이의 학습 수준과 능력과 공부하는 방식을 분석해서 효과적인 대안을 제시하고 아이가 그것을 잘 실행할 수 있도록 관리하고 이끄는 일이다. 쉽게 말해 아이들의 학습 상태를 'Coach'하는 역할인 것이다. 물론 이 일의 목표는 학생이 가진 학습 능력을 개발하고 좋은 성적과 결과를 만드는 것이다. 그런데 공부만 고려한다고 해서 성적이 오르는 건 절대 아니다. 성적은 성격이나 취향, 가정환경과 재정 상태, 가족 구성원들의 성격 등 아이를 둘러싸고 있는 다양한 요소와 조건들이 결합해서 만들어지기 때문이다.

사실 아이들이 공부를 안 하거나 성적이 안 좋은 이유는 지능보단 심리적인 것이 더 크게 작용한다. 그래서 아이들과 상담할 때는 공부의 양을 점검하는 것만큼이나 아이의 심리 상태를 확인하는 것 또한 중요하다. 그런데 안타깝게도 정서가 안정되고 건강한 아이들이 별로 없다. 대부분 무기력증과 우울증에 빠져 있거나 아니면 자아 개념이 부족하여 상당히 의존적이다. 한마디로 우리 아이들 모두 괴롭고 힘든 상태에 놓여 있다.

특히 아이들을 괴롭히는 것 중 하나가 꿈에 대한 강박이다. 대부분 부모는 아이가 확고한 꿈을 갖길 바란다. 스스로 선택한 확실한 꿈이나 목표 의식이 있으면 스스로 열심히 공부하고 노력할 거라고 생각하기 때문이다. 물론 이 생각이 틀린 건 아니다. 제대로 된 목표 의식이야말로 모든 일의 원동력이다. 공부를 해야 할 이유가 있으면 힘들더라도 스스로 책상에 앉을 것이다. 문제는 이 꿈이라는 게 부모들이 간절히 원한다고 해서 아이가 저절로 갖게 되는 것이 아니라는 점이다. 하지만 부모들은 이러한 사실을 깨닫지 못하고 조급증에 걸린 사람처럼 끊임없이 묻는다.

"네 꿈은 뭐니?"

"나중에 무엇을 하고 싶니?"

"뭘 좋아하니?"

이 질문에 확신을 갖고 대답할 아이들이 얼마나 될까? 아무도 없다. 대신 그들이 할 수 있는 건 "몰라요"라고 짧게 말하고 나서 묵비권을 행사하거나 부모님이 원하는 접대용 꿈을 앵무새처럼 말하는 것뿐이다.

'꿈'에 대한
10대들의 시계

과학 좋아하면 다 과학고에
가야 하는 거야?

"글쎄요, 잘 모르겠어요…."

종현이와 마주 앉은 지 십 분 남짓, 잘 모르겠다는 대답만 네 번째다. 방금 내가 물었던 건 "그럼 어떤 고등학교에 가면 좋을 것 같니?"라는 질문이었다.

종현이는 비교적 성실하고 성적도 나름 괜찮은 편인 중학교 2학년이다. 요즘 유행하는 '중2병'이라는 말이 무색할 정도로 어른들을 신경 쓰이게 하는 특별한 문제도 없고 성격도 온순하다. 누가 봐도 딱 모범생 스타일.

평소엔 명랑하고 밝은 종현이와 오늘 마주 앉아서 나누게 된 이 야기는 고등학교 진학에 대해서다. 종현이는 과학을 좋아한다. 특히 생물에 관심이 많아서 나중에 생물학자가 되고 싶어 한다. 아직 2학년이지만 종현이의 부모님은 종현이가 공부를 좀 더 열심히 해서 과학고에 진학하기를 바란다. 그런데 종현이의 성적이 과학고를 운운할 정도로 최상위권은 아닌지, 얼마 전부터 엄마의 권유로 특목고 대비 전문 수학, 과학 학원에 다니게 되었다.

그런데 이 전문 학원이 아이들을 빡세게 다루는 게 여간 아니었다. 학원을 다니면서 그동안 "숙제가 너무 많아서 힘들어 죽겠어요"라는 푸념을 자주 하는가 싶더니 급기야 지난주에는 무단으로 학원을 빼먹어 부모님에게 호되게 꾸중을 들었다고 한다. 오늘 그러저러한 이야기를 늘어놓던 종현이가 갑자기 심각한 표정으로 나에게 묻는다.

"선생님, 과학을 좋아하면 꼭 과학고에 가야 하나요?"

"글쎄, 꼭 그런 건 아니겠지? 근데 왜? 너는 과학고가 별로 당기지 않나 보지?"

"그건 아닌데요, 엄마가 꼭 과학고에 가야 한다면서 저랑 상의도 없이 학원을 멋대로 바꿔 버렸잖아요. 근데 이 학원이 얼마나 빡센지 학원 숙제 때문에 다른 일은 하나도 못하고 제 생활이 완전

엉망진창이에요.”

“그래? 난 과학고에 가고 싶어 하는 것도, 학원을 바꾼 것도 종현이 네가 정한 거라고 생각했는데?”

“저도 가고야 싶죠. 근데 과학고에 들어가려면 지금 제 성적으로는 어림도 없어요. 그래서 열심히 하려고 학원도 다니고 하는데 도저히 못 따라가겠어요. 학원에서 배우는 내용이 너무 어렵고 인간적으로 숙제도 너무 많아서 답답하고 짜증만 나요. 이런 식으로 하다간 이도 저도 안 될 것 같아요.”

평소 농담도 잘하고 명랑한 종현이가 이렇게 씩씩대며 화를 내는 모습은 처음이라 약간은 당황스러웠다. 그런데 정작 종현이의 화를 돋운 ‘진짜’ 이유는 따로 있었다.

“그래서 그런 이야기를 엄마랑 해 봤니?”

“어제 그것 때문에 엄마랑 한바탕했어요. 제 이야기는 듣지도 않고 대뜸 화부터 내는 거예요.”

“뭐라고 화를 내셨는데?”

“뻔하죠 뭐. ‘너 그 학원에 들어가기가 얼마나 힘든지 알기나 하니? 남들은 가고 싶어도 못 가는 곳인데 엄마 아는 사람 동원해서 겨우 들여보낸 거야. 그런데 네 맘대로 결석하고 집에 와서 엎어져 자고 있어? 정신 상태가 그래 가지고 나중에 커서 뭐가 되려고 그러니? 과학고? 웃기고 있네. 네가 과학고에 가면 우리나라 학생들

죄다 노벨상 받겠다' 이러는 거예요.”

어제 상황이 다시금 떠올랐는지 종현이의 얼굴이 찌푸려졌다. 학원을 빼먹은 건 분명 잘못한 일이지만 엄마가 쏟아 낸 말들 중에는 분명 종현이의 화를 돋울 만한 것들이 충분히 있었다.

“엄마가 화가 많이 나셨나 보네. 너 기분이 좀 그랬겠다? 그래서 어떻게 했는데?”

“어떻게 하긴요. 그냥 억울하죠. 과학고를 보내 달라고 제가 조른 것도 아니고, 그 학원도 엄마가 강제로 가라고 해서 간 거고, 힘들어도 그동안 꾹꾹 참아 가면서 숙제도 빠짐없이 해 갔는데 무조건 저만 나쁜 놈이래요.”

“그래, 그런 말 들으면 누구라도 화나겠다. 그런데 종현아, 네가 진짜 바라는 게 과학고에 들어가는 게 맞긴 맞아?”

“….”

종현이는 여러 생각을 하는 듯 선뜻 대답하지 못했다.

“모르겠어요. 가고는 싶은데 그냥 막연하게 생각만 하고 있는 것 같아요. 게다가 엄마가 저 난리를 치니까 점점 가기 싫어지는 것도 같고요.”

“우선 엄마를 빼놓고 네 생각만 해 봐. 네가 과학고에 가야 하는 이유가 뭘까?”

“잘 모르겠어요. 특별히 과학을 잘하는 것도 아니고 그렇다고 수학을 잘하는 것도 아니고…. 수학은 점수도 점점 떨어지는데 과학고에 꼭 가야 하는지도 모르겠고요. 제가 과학을 진짜 좋아하는지도 이제는 헷갈려요. 그렇다고 다른 걸 잘하지도 않고…. 아, 몰라요! 복잡해요."

종현이는 과학으로 꿈을 꾸고 있는 걸까, 아니면 과학으로 과학고라는 짐을 만들고 있는 걸까?

진짜 내 것인 것과 그렇지 않은 것

종현이의 하소연을 듣고 있자니 나 역시 머릿속이 여러 가지로 복잡해졌다. 앞뒤 상황은 들었지만 종현이의 진짜 심경이 묘연했기 때문이다.

"종현아, 네 얘길 들으면서 궁금한 게 생겼는데 말이야. 엄마가 네 의견은 하나도 듣지 않고 마음대로 학원에 등록해 버린 게 이해가 잘 안 되네. 엄마는 왜 그렇게 하셨을까? 혹시 물어보거나 이야기해 본 적 있어?"

"작년부터 엄마가 과학고 얘길 자주 하셨어요. 지금보다 조금만 더 노력하면 과학고에 갈 수 있다면서…. 뭐 그땐 저도 잘 몰랐으니 알았다고만 했는데, 그다음부터 이 학원 저 학원 알아보더니 저를 그 학원으로 보내더라고요. 저도 마지못해 따라다니게 되었고…. 그러다 보니 이 지경까지 온 거죠."

"그러면 과학고라는 진학 목표는 너보다는 엄마 쪽에서 먼저 나온 거네? 그리고 넌 어쩔 수 없이 거기에 따를 수밖에 없었다는 말이고. 문제는 여기에 있는 것 같은데? 과학고에 진학하고 싶다는 목표가 과연 누구의 목표인지 생각해 봐. 지금 엄마와 넌 각각 다른 생각을 하고 있어. 엄마는 그게 진짜로 네가 원해서 함께 정한 목표라 여기시는 것 같고, 넌 100% 그런 게 아니라는 입장이고. 내 말이 맞니?"

"음, 그런 거 같네요."

"만약 네가 스스로 정한 목표가 아니라면 그걸 위해 쏟아야 하는 노력이 힘들게 느껴질 테고, 결국 꾸준히 해 나가는 게 버거울 거야. 지금 종현이 네 상태가 그런 게 아닐까?"

"그렇죠. 근데 딱히 다른 목표가 있는 것도 아니니까 엄마가 저렇게 닦달하는 것 같아요."

"맞아. 하나만 더 물어볼게. 좀 전에 종현이 네가 말하기를 과학고 진학이 진짜 네 목표인지 아닌지 잘 모르겠다고 했는데, 그건 어떤 생각 때문에 그런 거야?"

"일단 거기에 들어가는 것 자체가 가능할까 잘 모르겠고요, 들어간다 해도 과연 내가 잘할 수 있을까 자신감이 없어요. 아, 또 과학고 나왔다고 다 과학자가 되는 것도 아닐 텐데 그다음엔 뭘 해야 할지도 잘 모르겠고요."

"그래. 그러고 보니 우리가 모르는 게 많아 보이긴 하네. 그럼 한 가지씩 풀어 가 보자. 일단 종현이 네가 생각하기에 과학고는 어떤 학교인 것 같아? 참고로 난 너보다 과학고에 대해 아는 게 없어. 난 진짜로 과학을 안 좋아했거든."

"과학이랑 수학 잘하는 애들이 가는 학교? 거기 나오면 아무래도 좋은 대학교를 가는 게 쉬울 것 같고요."

"그럼 과학고를 졸업하고 좋은 대학교에 간 학생들은 뭘 하게 될까?"

"글쎄요, 그건 어떤 공부를 하느냐에 따라 달라지지 않을까요? 그때 가서 결정할 수 있는 문젠 것 같아요."

"그래도 안 될 건 없지. 근데 말이야, 난 이게 궁금해져. 과학고를 만든 사람은 도대체 어떤 생각으로 그런 걸 만들었을까 하는 생각이 드네."

"네? 그게 뭔 소리에요? 쌤, 그걸 제가 어떻게 알아요!"

내 질문이 어이없다는 듯 종현이가 입을 삐쭉 내밀었다.

"왜 따로 과학고를 만들어서 수학이나 과학을 잘하는 애들을 모아 가르칠까 하는 거야."

"그거야 과학에 소질 있는 애들이 일찍부터 그쪽 분야로 진출할 수 있게 하려는 거겠죠."

"어쭈, 아주 과학고 교장처럼 말하는데? 좋아, 얘기 나온 김에 만약 종현이 네가 과학고 교장 선생님이라면 학교에 어떤 학생이 들어오는 게 좋을 것 같아?"

"음, 우선은 수학과 과학 성적이 좋은 학생요."

"그리고 또? 수학이랑 과학 잘하는 애들은 세상에 널렸는데?"

"또…, 과학 분야에 소질이 있고 머리가 좋은 애?"

"그런 애들도 요즘엔 발에 차일 정도로 많지 않아? 너희 학교에 들어가려면 도대체 뭐가 필요할까?"

나는 정말 종현이가 과학고 교장의 입장에서 생각해 볼 수 있도록 아예 '너희 학교'라고 말을 바꾸었다. 이 선생님이 왜 이러나 별 시답잖은 질문만 해 댄다는 듯 종현이의 표정이 영 별로다. 하지만 종현이도 내가 이 유치한 주제의 질문을 금방 끝낼 것 같지 않을 거란 걸 알아챘는지 조금씩 생각을 해 나가기 시작했다.

"만약 제가 과학고 교장이라면요, 진짜 과학자가 되고 싶은 애들에게 기회를 주고 싶어요. 학원 돌려서 성적만 '예쁘게' 만들어 온 애들 말고요."

"정말? 종현이 네 말이 그렇다면 너희 학교에는 성적은 높아도 김종현 학생처럼 과학에 '진짜' 애정이 없는 사람은 못 들어간다는 말이 되는 거네?"

"과학에 애정이 없다는 말은 한 적 없는데요! 전 동물을 좋아하고 또 그걸 연구하고 싶다고요.”

“그래? 그건 내가 잘못 알고 있었네. 그럼 하나만 더 물어볼게. 종현아, 만약 네가 교장이고 네 앞에 김종현 같은 학생이 있다면 그 아일 뽑을 거야? 성적은 된다고 치고.”

“성적이 되면 안 뽑을 이유가 없잖아요. 과학에 어느 정도 소질도 있고 동물도 사랑하고 머리도 좋고. 게다가 얼굴도 잘 생겼잖아요? 크크크.”

“그렇게 얘기하면 기분 좋냐? 그럼 그러시든지.”

아무래도 오늘은 여기에서 끝내야 할 듯했다. 다소 장난스럽게 마무리를 짓게 되었지만 그래도 종현이 녀석이 외부의 힘에 떠밀려 온 일들을 진지하게 생각하게 되어 다행이다. 그게 진짜 자신이 바라던 목표가 아니었기에 하기 싫고 힘들게 느껴졌다는 사실을 알게 되었다면 큰 수확이 아닐 수 없다. 게다가 과학고에 대한 막연한 환상 속에서 스스로 교장이 되어 관점을 바꿔 보고 자신의 미래를 그려 본 것도 기억에 남았으리라.

상담실을 나서기 전, 종현이가 멋쩍은 듯 뒷머리를 긁적이며 한 마디 덧붙였다.

“마크 쌤, 그나저나 내일 엄마 오신다고 했다면서요? 또 학원 빠진 것 갖고 뭐라 하실 게 뻔한데…. 엄마한테는 쌤이 말씀 좀 잘해주세요.”

“내가 왜?”라는 말을 던지기도 전에 쌩하고 사라지는 이 녀석. 그렇다. 내일 바로 종현이 어머니가 오신다고 했구나. 음, 다시 머릿속이 복잡해지려고 한다.

'꿈'에 대한
부모의 시계

엄마는 속이 타 들어가는데
아이는 천하태평

사실 나는 열다섯 살짜리 소년이 자신의 인생행로를 결정할 만한 확실한 꿈을 갖는 것은 불가능하다고 생각한다. 아니 위험하다는 게 더 솔직한 생각이다. 사춘기에는 확실한 꿈을 정하기보다는 다양한 꿈을 상상하고 거기에 친숙해지는 시간을 가져야 한다. 하지만 현실은 아이들이 한가하게 꿈 타령을 하는 걸 허락하지 않는다. 빨리 무언가를 정하고 거기에 맞춰 미래를 계획하라고 재촉하기 바쁘다. 상황이 이렇다 보니 아이들이 아니라 부모들의 마음만 조급해진다. 그래서 부모가 두 팔을 걷어붙이고 자녀의 진학 전선에 직접 나서게 된 것이다. 딱히 권장할 만한 일은 아니지만 우리나라 현실에선 어쩔 수 없는 일이기도 하다.

종현이 어머니의 최대 고민이자 관심사 역시 아들의 고등학교 진학 문제였다. 당사자인 종현이보다 종현이 어머니가 더 애가 타는 듯했다. 상담실에 마주 앉자마자 어머니는 종현이의 진학 문제부터 꺼냈다.

"선생님, 어제 종현이랑 진학 문제로 상담했다고 하던데, 종현이가 뭐 생각해 놓은 거라도 있던가요?"

"글쎄요…. 종현이가 아직 2학년이라 그런지 구체적으로 어떻게 해야 되겠다는 생각은 하지 않은 것 같더군요. 과학고에 가고 싶다는 마음은 있지만 왜 거기에 가야 하는지는 자세히 생각해 보지 않은 것 같아요. 그래서인지 요즘 바뀐 학원 때문에 스트레스를 많이 받고 있는 것 같더라고요."

슬쩍 학원 이야기를 꺼냈다. 아니나 다를까 종현이 어머니의 안색이 갑자기 굳어지더니 큰 한숨을 내쉬었다.

"그러잖아도 요즘 종현이랑 조용히 지내는 날이 없어요. 학원 때문에 하루가 멀다 하고 다투기 일쑤에요. 선생님도 아시다시피 그 학원 정말 들어가기 힘들잖아요? 종현이 성적으로는 과학고 대비반은 어림도 없는데 잘 아는 엄마가 원장님한테 사정사정해서 겨우 들여보낸 거라고요. 일단 한번 해 보는 걸로 하고 시작했는데, 2주도 채 안 되어 힘들다고 징징대더니 지난주에는 말도 안 하고 결석을 했지 뭐예요. 학원에서 전화 받고 득달같이 집으로 가 봤더니요. 어휴, 글쎄 TV 켜 놓고 소파에서 자고 있는 거 있죠? 그걸 보는 제 속이 어떻겠어요."

다행히 며칠 전에 종현이에게서 들은 상황과 별로 다른 게 없었다. 일부러 모른 척하고 종현이 어머니에게 이야기를 계속하시라는 눈짓을 보냈다.

"저도 사실 과학고만 고집하는 건 아니에요. 어려서부터 종현이가 과학을 좋아했고 학교 성적도 나쁜 편이 아니니까 본인이 조금만 노력하면 가능할 거라고 생각했어요. 그래서 이렇게 힘든 상황에서도 뒷바라지하고 있는 건데…. 아무리 어리다고는 하지만 제멋대로 구는 것 같아서 속이 너무 상하네요."

이쯤 되면 우리 사회가 만들어 낸 또 한 명의 피해자, 종현이 어머니의 마음을 위로해 주어야 한다. 아직까지는 다른 한 명의 피해자(라고 주장하는) 종현이의 입장을 대신 전달할 만한 때가 아니다.

"어머님도 여러모로 애쓰고 계시는데 그 마음을 종현이가 잘 몰라주는 것 같아서 속이 더 상하시겠어요. 혼을 좀 내니 종현이가 뭐라고 하던가요? 말 없이 학원을 빠진 이유가 무척이나 궁금하셨을 텐데요."

"웬걸요, 그냥 가기 싫어서 안 갔대요. 어찌나 당당하던지 끝까지 잘못했다는 소리는 절대 안 하는 거 있죠? 오히려 눈이나 똥그랗게 뜨고 내가 언제 그 학원에 보내 달라고 그랬냐, 엄마 맘대로 보내 놓고서 왜 자기한테 큰소리 내냐며 반항하더라고요. 나 참, 어이가 없어서…."

"그 정도면 종현이도 단단히 뿔이 난 거 같은데요? 그 학원에 가서 무엇을 얻어야 하는지를 모르는 듯해요. 아니, 그 전에 자신이 정말 과학고에 진학하고 싶은지를 모르고 있는 것 같아요. 그런 부분들에 대해 종현이와 미리 이야기해 보셨나요?"

"그럼요. 자기 입으로 열심히 할 거라는 다짐도 받고 손가락까지 건 걸요. 그래서 종현이 아빠가 스마트폰도 최신 기종으로 바꿔 주었어요. 예전부터 종현이도 과학자가 되는 게 꿈이라고 이야기했고요."

아하, 최신형 스마트폰이라…. 종현이가 하지 않은 이야기다. 머릿속에 스마트폰을 들고서 좋아하는 종현이의 얼굴과 잔뜩 찌푸린 채 학원 버스에 몸을 싣는 종현이의 얼굴이 오버랩되었다.

"실은 진학이나 진로 문제를 두고 종현이와 이야기하는 게 너무 힘들어요. 저한테는 아무 말도 안 하려고 하거든요. 고등학교 진학 얘기만 꺼내면 자기도 생각하고 있으니 나중에 얘기하자고 자꾸 미루기만 하고. 붙잡고 얘기 좀 하려고 하면 버럭 신경질만 내고 피해 버리니 답답해 죽겠어요. 생각은 있는데 말하기 싫어서 저러는 건지, 아무 생각도 없으면서 말로만 그러는지 도무지 갈피를 잡을 수가 없네요. 다른 집 아이들은 벌써 어디로 진학할지 결정을 다 해 두고 거기에 맞춰 공부하고 있다던데, 우린 이렇게 넋 놓고만 있으니…. 선생님, 요즘 제가 종현이만 생각하면 밤에 잠이 안 와요. 자기 진학 문제 때문에 나는 이렇게 속이 타 죽겠는데, 어찌 저리도 천하태평인지….”

조급증 대마왕으로 강림한 대한민국 엄마들

이젠 나도 내 역할을 해야 할 때. 조심스레 양쪽 모두의 얼굴을 떠올리며 말을 꺼냈다.

“종현이도 생각하겠죠. 자기 미래인데 왜 생각이 없겠습니까. 다만 지금 뭔가를 결정해야 한다고 하니 부담스러워서 쉽게 말을 못 꺼내는 것 같아요. 말 한마디 잘못했다가 그걸로 덜컥 자신의 미래가 결정된다고 생각하니 조심스러울 수밖에요. 사실 열다섯 살짜리에게 이러한 결정을 요구하는 건 무리죠. 어른이 되어서도 무언가를 선택하고 결정하는 건 여전히 어려운 일이잖아요. 게다가 종현이처럼 차분하고 신중한 아이들한테는 더욱 버겁게 느껴질 거라 봅니다.”

"물론 어렵겠죠. 저도 이렇게 힘들고 어려운데 종현이야 왜 안 힘들겠어요. 선생님 말대로 종현이가 다른 아이들에 비해 차분하고 신중한 편이죠. 저도 이게 종현이의 장점이라는 건 알고 있는데 요새는 답답할 때가 많아요. 쉽게 결정할 수 있는 일도 생각이 너무 많다 보니 지나치게 뜸 들이며 우물쭈물할 때가 많거든요. 어렸을 때는 과자 하나 고르는데도 그냥 대충 잡으면 될 걸 어찌나 꼼꼼하게 따지고 살펴보던지, 보다 못해 제가 골라 준 적도 많았어요. 솔직히 그런 모습을 보면 신중한 게 아니라 우유부단한 것 같아 걱정이에요."

"하하하, 어머님이 보시기엔 답답할 수도 있겠네요. 그런데 아이들이 대체로 그래요. 아직 선택을 해 본 경험이 부족하기 때문이죠. 저도 아이들을 데리고 식당에 가면 주문하는 데만 십 분 넘게 걸려요. 이랬다저랬다 몇 번이고 주문을 바꾸는 일이 허다해요. 어떤 녀석은 어찌나 심사숙고를 하는지 시험 치는 것처럼 메뉴판을 뚫어져라 본다니까요. 그래도 아무 생각 없이 즉흥적으로 결정해 놓고 나중에 딴소리하는 것보단 시간이 걸리더라도 종현이처럼 하나하나 따져 보고 결정하는 게 더 낫죠."

내 말에 종현이 어머니는 가볍게 미소를 지었다. 하지만 그 미소 뒤에는 어떤 씁쓸함 같은 게 있었다. 어쩌면 종현이 어머니는 내가 종현이를 칭찬하는 걸 진심이 아닌 립서비스 정도로 받아들이고 있는지 모르겠다. 기분이 나쁘진 않지만 그 칭찬에 진심으로 동의하지 않는 것 같았다.

"그래요, 신중한 게 더 좋죠. 실수도 덜 하고 가벼워 보이지 않으니까요. 그걸 아는데도 요즘은 좋게 보이지가 않아요. '장고 끝에 악수 둔다'라는 속담처럼 사실 신중하게 생각한다고 해서 꼭 좋은 결정을 하는 것도 아니잖아요. 제가 보기에 솔직히 종현이는 신중해서 결정을 못 내리는 게 아니라 자신의 미래를 생각하기 싫어하는 것 같아요. 하나라도 진득하게 붙잡고 파고들지 못하고 맨날 이랬다저랬다 하기만 해요. 자신의 진로를 진지하게 생각한다면 확실한 꿈은 아니더라도 자신이 뭘 좋아하는지, 뭘 잘하는지 정도는 알 수 있지 않나요?"

답답함이 치밀어 오르는 듯 종현이 어머니는 종이컵에 담긴 물을 벌컥벌컥 들이켰다. 얼마나 답답한 심정인지 충분히 이해할 수 있다. 왜냐하면 내가 학부모를 바라보는 심정이 부모가 자신의 아이를 바라보는 심정과 비슷하기 때문이다. 하지만 내가 느끼는 답답함은 이 자리에서 아무 소용없다. 내 앞에 있는 종현이 어머니는 지금 진심으로 답답함을 토로하고 있고, 그 답답함의 대상인 종현이 역시 마찬가지다. 나는 이 사건의 당사자가 아니다. 서로 답답하다고 말하고 있는 두 사람, 엄마와 아들 사이에 뻘쭘하게 놓여 있을 뿐이다.

"글쎄요. 제가 보기엔 종현이가 너무 느릴 수도 있지만 어머니가 너무 조급한 것일 수도 있다고 봅니다. 어머니, 어머니가 종현이만할 때를 돌이켜 보세요. 어머니도 자신이 하고 싶은 거나 좋아하는 걸 잘 알고 있었나요? 지금 종현이와 별반 다르지 않을 거라 봅니다. 왜냐하면 열다섯 살짜리 아이가 자신을 객관적으로 들여다보고 구체적으로 알기란 힘들거든요. 어른이 되어서도 자신이 뭘 좋아하는지, 자신의 적성이 뭔지도 잘 모르는 사람이 얼마나 많은데요. 사실 저는 아이들이 중학교와 고등학교를 거치면서 다양한 것들을 접하고 경험하고 생각하면서 자신과 세상에 대해 알아 가는 게 진짜 교육이라고 봅니다. 그 과정을 잘 보내야 나중에 자신이 진짜 원하는 것, 자신에게 진짜 맞는 것을 찾아낼 수 있거든요. 지금 종현이는 그 과정의 초입 단계에 있는데, 이 과정들을 모조리 무시하고 현실이 이러하니 빨리빨리 결정하라고 재촉한다고 해서 답이 나올까요?"

"원론적으론 선생님 말이 다 맞죠. 하지만 고등학교 진학이 당장 코앞에 닥쳐 있는데 그 과정을 다 거칠 때까지 어떻게 기다리겠어요. 확실한 게 아니라도 뭘 좋아하는지 뭘 하고 싶은지 정도만이라도 얘기해 줬으면 좋겠어요. 그러면 거기에 맞춰 진학 계획을 짤 수 있잖아요. 그런데 꿀 먹은 벙어리처럼 입을 꾹 다물고 있으니 어디서부터 시작해야 할지 답답하기만 해요. 남들은 벌써 어디로 진학

할지 결정하고 학원을 바꾼다, 해외 연수를 보낸다 난린데⋯. 제 친구 아이는 초등학교 때 이미 과학고에 가겠다는 목표를 세우더래요. 그러더니 누가 시키지도 않았는데 열심히 공부해서 이번에 과학고로 진학한 거 있죠? 그 친구는 지금까지 아이 성적이나 진로 문제로 고민해 본 적이 한 번도 없대요. 아이가 스스로 다 알아서 하니 그냥 믿고 맡겨 둔다 하더라고요. 저는 그 친구가 너무 부러워요. 전 그 정도까진 바라지 않아요. 그저 종현이가 고등학교 진학만이라도 어느 정도 결정을 내려 줬으면 좋겠다는 거죠.”

“남들이 그러는 걸 보면 마음이 저절로 조급해지는 건 알겠어요. 그런데 한번 생각해 보셨으면 좋겠어요. 그 결정에 아이의 의사가 얼마나 들어 있을까요? 어쩌면 아이의 의사보단 부모님의 의사가 더 크게 작용했을 수도 있죠. 아직 어리기 때문에 부모가 강하게 밀고 나가면 아이들은 부모의 의사를 자신의 것으로 착각하는 경우가 많거든요.”

“예전에는 저도 아이의 의사를 존중하고 거기에 따르는 게 옳다고 생각했어요. 그런데 시간이 흐를수록 판단 능력이 부족한 아이에게 그 결정을 하도록 마냥 내버려 두는 게 옳은 일인지 요새는 회의가 들 때가 많아요. 저도 친구 아이의 결정에 제 친구의 입김이 전혀 없었을 거라고는 보지 않아요. 선생님 말씀처럼 아이가 부모의 의사를 자신의 것으로 착각했을 수도 있어요. 근데 과정이야 어찌 되었든 지금은 과학고에 진학해서 좋은 성적을 받고 있잖아요? 요샌 원하는 대학을 목표로 예전보다 더 열심히 공부한대요. 이런 걸 보면 아이에게 맡겨 둘 것이 아니라 내가 하루라도 빨리 결정해서 확실하게 밀어붙이는 게 낫지 않을까 싶어요. 그리고 이게 현실적으로 가장 좋은 방법인 것 같고요. 시간도 촉박하고 무엇보다 제가 너무 괴로워요. 고등학교 진학만이라도 빨리 정하고 나면 좀 살 거 같아요."

부모가 개입하되
결정은 아이가 해야 한다

부모들은 언제나 현실을 탓한다. 그러면서 늘 현실에 맞는 방법만을 선택하면서 현실과 타협하려고 한다. 그것보단 다른 방법이 옳다는 건 알지만 현실이 그러니 어쩔 수 없다고 말한다. 그게 효과적인지, 아이한테 맞는지는 별로 중요하게 여기지 않는 것 같다. 그런데 이보다 더 심각한 문제는 일반적으로 사람들이 선택한 것을 따르는 게 안전할 거라는 막연하고도 맹목적인 믿음이다. 또 남들이 하는 걸 따라 하지 않으면 뒤처질 거라는 불안함도 있다.

자, 들을 만큼 들었으니 이젠 알려 줄 것을 확실하게 알려 줄 때다. 지금까지의 어조와는 약간 다르게 반 정도 톤을 올려 목소리에 힘을 주어 말을 시작했다.

"제 생각에도 부모가 자녀의 진학 문제에 어느 정도는 개입해야 한다고 봅니다. 이게 부모의 의무이기도 하고요. 그런데 자녀의 진로에 개입하는 것과 아이 대신 진로를 결정하는 건 전혀 다른 문제입니다. 부모님 입장에서야 자신이 직접 자녀의 미래를 결정하고 거기에 따라 밀고 나가는 게 마음 편할 겁니다. 하지만 우리가 절대로 잊어서 안 되는 것은 이건 부모가 아닌 아이의 인생이라는 겁니다. 자신이 아닌 남이 내린 결정은 언젠가 문제를 일으킵니다. 왜냐하면 부모가 아이의 미래를 결정하는 것은 동그란 수박을 네모난 상자에 넣어서 기르는 것과 같거든요. 억지로 상자 크기에 맞추다 보면 상자보다 더 크게 자랄 수 있는 수박을 네모나게 키우는 꼴밖에 안 됩니다. 더 큰 문제는 더 나중이죠. 만약 네모난 상자에 맞춰서 자란 아이의 모습이 마음에 안 든다면 그땐 어쩌실 거예요? 자기가 원한 건 동그란 수박이었는데 왜 네모난 수박이 되었냐고 후회해 봐야 소용없습니다. 게다가 아이는요? 부모님이 내린 결정을 따라 열심히 쫓아 달려왔는데 어느 날 보니 기괴한 모습을 한 네모난 수박으로 자라 버린 걸 알았을 때, 과연 누가 아이의 인생을 책임져 줄 수 있을까요?"

종현이 어머니는 내 말을 진지하게 들으며 깊은 한숨을 푹 내쉬었다. 사실 어려운 문제다. 아이를 위해서 내린 결정이 미래에 좋은 결과를 가져다줄 거라고 자신할 수도 없을 뿐더러, 그렇다고 아이에게 모든 걸 맡겨 놓기엔 부모는 너무나도 불안하다. 미래도 불안하고 현재도 불안하기 때문에 아이와 부모 모두 괴로워하는지도 모른다.

"선생님 말은 제가 종현이 진로에 개입할 순 있지만 결정해서는 안 된다는 거잖아요. 솔직히 그 차이가 뭔지 확실하게 이해하진 못하겠어요. 어떤 식으로 개입하는 게 맞는지 모르겠어요."

"부모가 아이의 진로에 개입할 수 있는 방법은 먼저 다양한 선택지를 제공하고 나서 아이가 자유롭게 선택할 수 있는 기회를 주는 겁니다. 아이의 선택을 부모가 대신하는 게 아니고요."

"선택지를 제공한다고요? 어떤 식으로요?"

"음, 어떤 예를 들면 좋을까요? 아, 어머니가 쇼핑하실 때를 생각해 보세요. 가방을 사려고 쇼핑을 간다고 했을 때 용도, 디자인, 가격까지 확실한 조건을 모두 정하고 나서 하는 편이세요?"

"글쎄요, 보통 가격대와 용도만 대충 정하고 쇼핑하는 경우가 많죠."

"그래요. 어머니뿐만 아니라 대부분 그럴 겁니다. 그럼 어머니는 가방 가게에 갔을 때 판매원에게 생각해 둔 조건을 말하고 거기에 맞는 가방을 추천해 달라고 하는 편인가요, 아님 본인이 마음에 드는 걸 고르고 나서 가격을 물어보는 편인가요?"

"보통은 판매원에게 조건에 맞는 걸로 추천해 달라고 해요. 그 중에서 보고 마음에 드는 게 있으면 사고, 아니면 다른 집에 가죠. 그럼 선생님이 말씀하신 선택지란 게 판매원이 추천해 주는 가방 같은 건가요?"

"일종의 그런 것이죠. 아이가 마음에 들 만한 것들을 쭉 보여 주고 나서 그중에서 스스로 고를 수 있도록 기회를 주고 옆에서 도와주는 거죠. 마치 가방 가게 판매원처럼요."

"그런데요, 선생님. 판매원은 제가 말한 조건을 갖고 여러 가지 가방을 추천해 줄 수 있지만, 우리 종현이는 아무 말도 안 하고 있는데 어떻게 선택지를 만들어 줄 수 있나요? 이런 상황에서 선택지를 추천해 준다 해도 결국 그 역시 부모 마음대로 하는 거 아닌가요?"

"부모가 원하는 것들로만 선택지를 구성한다면 실패할 확률이 높겠죠. 하지만 부모가 아이의 적성과 재능을 잘 관찰해서 찾은 것들로 선택지를 구성한다면 성공할 가능성이 높아질 겁니다. 여기서 핵심은 아이가 선택할 수 있는 폭을 적당히 좁혀 주는 거예요. 물건이 너무 많으면 오히려 고르기 어렵다잖아요. 백 개보단 열 개 중에서 하나를 선택하라고 하면 어려움을 덜 느끼지 않을까요?"

"무슨 말씀인지 알겠어요. 그런데요, 제가 선택지를 잘 만들어서 종현이가 하나를 고른다는 보장도 없는 데다 그것을 만드는 데만도 시간이 꽤 걸릴 텐데요. 무엇보다 종현이가 아무런 힌트도 안 주고 입을 꽉 다물고 있는 상황에선 더더욱 힘들지 않을까요?”

나는 잠시 말문을 멈추고 호흡을 골랐다.

“힘들죠. 힘든 일입니다. 하지만 힘들면 힘든 대로 해야 하는 게 교육 아닐까요? 종현이 어머님은 백화점의 가방 판매원이 아니라 종현이 어머니니까요.”

종현이 어머니는 무슨 말을 하려는 듯 입을 살짝 연 채로 한동안 그대로 있었다.

어머니 입장에서 보면 시간이 촉박한 게 맞다. 고등학교 진학에 따라 아이의 인생이 결정된다고 믿는다면 종현이는 자신의 인생을 결정할 시간이 얼마 없게 된다. 하지만 상황과 조건에 따라 얼마든지 달라질 수 있다고 생각한다면 아직 시간은 많이 남아 있다.

지금부터라도 종현이 어머니는 종현이와 함께 차근차근 선택지를 만들어 나가야 한다. 선택지를 함께 만들다 보면 아이는 자연스레 수많은 가능성들을 경험하고 친숙해지는 기회를 가질 수 있다. 그리고 결국 나중에는 자신에게 맞는 선택을 자연스럽게 하게 될 것이다. 사람은 누구나 자신이 모르는 것이 아니라 자신이 아는 범위 내에서 선택하기 때문에, 시간이 늦더라도 결국에는 자신에게 가장 맞는 선택을 하게 된다.

하지만 종현이 어머니는 조급증에 걸린 사람처럼 종현이가 서둘러 무언가를 빨리 결정하길 바라고 있다. 그녀에게 당면한 가장 큰 문제는 하루라도 빨리 고등학교 진학 목표를 정해 거기에 맞는 학습 프로그램을 짜고 포트폴리오를 만드는 것이다. 사실 종현이 어머니가 상담을 통해 나에게 바라는 '진짜' 목적은 당신이 잡아 놓은 이 원대한 계획에 어깃장을 놓고 있는 종현이를 설득하고 타일러 달라는 거다. 애초부터 종현이 어머니가 이런 생각을 갖고 있었다면 지금까지 내가 한 말은 말짱 도루묵이 되었을 수도 있다.

사실 아이들의 진학 문제로 학부모들과 상담할 때마다 겪는 일이라 어느 정도 그 심정은 이해되지만 그럴 때마다 드는 이 씁쓸한 기분은 왠지 찝찝하다. 학부모들이 현실의 벽을 탓할 수밖에 없는 것처럼 나 역시 이 땅의 교육과 진로 문제라는 거대한 현실 앞에 피로감을 느끼지 않을 수 없다.

서로의 시차 극복하기

과시용 꿈이라면 차라리 없는 게 낫다

나는 한때 법조인이 되겠다는 어설픈 목표를 가지고서 고시 공부에 도전한 적이 있다. 거기에는 특별한 의미도 별다른 목적도 없었다. 이왕 법대에 들어갔으니 한 번은 사법 고시에 도전해야 하지 않겠느냐는 주위의 권유와 법조인이 되면 따라올 달콤한 이익에 눈이 멀어 공부를 시작하게 되었다. 양념 반, 후라이드 반도 아니고 주변 사람들의 등살 반, 나의 어설픈 목표 반이 합쳐져서 만들어진 결과물이었다.

그래도 처음엔 꽤 열심히 공부했다. 신림동 고시원에 죽치고 앉아 밤을 새워 가며 법전을 들여다보기도 했고, 면벽 수행을 하는 수행자처럼 깊은 산속에 들어앉아 두어 달을 처박혀서 하루 종일 책상에 앉아 있기도 했다. 하지만 그 힘든 고시 공부를 견뎌 내기엔 내 목표가 너무나 허술했다. 그럴 수밖에 없는 게 법조인이 되겠다는 목표가 진짜 내 것이 아니었기 때문이다.

가짜로 만들어진 목표였기에 공부를 하면서도 나는 늘 의심을 품고 있었다. 과연 내가 이 공부를 해낼 수 있을까 하는 걱정이 항상 자리 잡고 있었다. 그 당시 가지고 다녔던 삐삐의 인사말에 "안녕하세요, 서울지법 강력3부 손 검사입니다"라는 멘트를 녹음해 놓긴 했지만 정작 검사, 판사, 변호사와 같은 법조인이 어떤 일을 하는지는 구체적으로 아는 게 없었다. 막연한 이미지와 주워들은 허접한 정보들만 있을 뿐 법조인으로서 사는 게 어떤 것인지, 내가 왜 이 일을 하려는지 단 한 번도 진지하게 생각해 본 적이 없었다. 그러니 그 일의 가치와 의미를 알지 못한 건 당연했다.

어떤 일을 하고자 하는 강한 목표 의식을 가지기 위해선 그 일이 무엇인지 하는 구체적인 정보와 그 일이 가진 가치와 의미를 확실하게 알고 있어야 한다. 하지만 내겐 그런 것이 없었다. 그저 법대에 들어갔으니 사법 고시에 도전해야 한다는 어설픈 의무감과 시험에 합격하면 주어질 신분과 그와 함께 따라올 달콤한 이익을 막연하게 기대하는 허황된 꿈밖에 없었다. 이런 허술한 동기를 갖고서는 오랜 기간 끊임없이 에너지를 투자해야 하는 고시 공부를 견뎌 낼 수 없었다. 결국 나는 요샛말로 영혼이 없는 공부를 하면서 1년이란 세월을 보내다가 고시 공부를 포기해 버렸다.

나의 고시 공부 실패를 두고 출세를 향한 열정이 부족했기 때문이라고 탓하는 사람도 있었다. 맞는 말이라고 생각한다. 만약 그런 욕구와 미련이 강했다면 사법 고시 합격을 통해 얻게 될 수많은 이익을 기대하며 더 열심히 공부했을지도 모르겠다. 그렇게 3년이고 5년이고 버텨 나갔을 수도 있다. 하지만 너무나 다행스럽게도 나에겐 비교적 빨리 그런 깨달음이 왔다. 내 것이 아닌 목표를 갖고 우물쭈물하는 바보는 되지 말자고. 그래서 1년이란 시간만 허비하고 빨리 포기할 수 있었다. 내 것도 아닌 것에 계속 매달려 봤자 헛물만 켜면서 시간만 낭비했을 게 뻔했다.

비록 짧은 기간이었지만 한 번 뒤틀린 진로는 나에게 상당한 여파를 안겨다 주었다. 나는 꽤 오래도록 갈피를 못 잡고 이리저리 흔들리며 표류하는 젊은 날을 보냈다. 내 능력 탓도 있고 세상 탓도 있었을 것이다. 그러다 어느 화창한 여름날, 문득 이런 의문이 들었다.

'과연 나만 이런 것일까?'

이어서 또다시 나에게 물었다.

'나는 도대체 무엇을 가지고 있지 않은 걸까?'

돈? 외모? 능력? 학벌? 물론 이런 것들이 없긴 했다. 하지만 어떤 것들을 갖다 붙여도 내가 수긍할 만한 답을 찾을 수 없었다. 억울했다. 이런 것들이 없다고 해서 정말 이렇게 살아야만 하는 것일까 답답했다.

'언제까지 이 모양으로'라는 생각으로 나를 자책하는 암울한 날이 이어졌다. 그때 문득 십 년 후의 내 모습을 떠올리고 싶어졌다. 그런데 이게 웬일인가. 그저 까만 그림자만 나타날 뿐이었다. 떠올리기가 싫어졌다. 억지로 다른 모습을 만들어 보려고 발버둥 쳤지만 이내 연기처럼 흩어져 버렸다. 그때 깨달았다. 나에게 없는 건 바로 꿈이라는 것을. 어렸을 때 어른들을 위한 접대용 꿈이나 잘난 체를 위한 과시용 꿈 말고는 내 꿈에 대해 진지하게 생각해 본 적도, 가져 본 적도 없었다. 그걸 깨닫자 모든 게 혼란스러워졌다. 지금 내가 뭘 하고 있는지, 앞으로 뭘 해야 하는지 알 수 없었다. 속이 텅 빈 강정 같았다. 하지만 그 혼란 속에서 한 가지 사실은 분명하게 알 수 있었다. 지금까지 표류하듯 살아온 건 인생의 북극성이 될 만한 꿈이 없었기 때문이라는 것을 말이다.

그때부터 나는 꿈에 대해 생각해 보기 시작했다. 꿈이라는 게 구체적으로 무엇을 의미하는 건지, 꿈을 갖는 게 왜 중요한지, 꿈이 인생에서 어떤 역할을 하는지, 그리고 나는 왜 꿈을 가지지 못했는지에 대해 많은 생각과 고민을 했다. 하지만 아무리 생각하고 많은 책을 읽어도 명쾌하게 알 수 없었다. 그리고 나는 그로부터 많은 시간이 흐른 뒤에야 그 녀석의 실체를 만나게 되었다.

교육 컨설턴트로 많은 아이들을 상대하면서 다시금 꿈에 대한 수많은 의문들을 접하게 되었고, 꿈이라는 문제에 보다 가까이 다가갈 수 있었다. 사춘기로 막 접어들며 더 이상 아이가 아닌 청소년으로 자라고 있는 아이들을 보면서 제일 먼저 든 생각은 그들과 예전의 내 모습이 별로 다르지 않다는 것이었다. 수십 년의 세월이 흘렀는데도 그때 내가 했던 고민과 생각을 지금 아이들도 하고 있는 게 신기했다. 아마 아이들에게 관심을 갖고 애정을 느끼는 것도 이러한 동질감 때문일 것이다.

그래서일까? 아이들과 만날 때마다 내가 제일 먼저 관심을 갖는 건 바로 꿈이다.

"넌 꿈이 뭐니?"

내가 만나는 모든 아이에게 먼저 던지는 이 질문. 너무나도 식상하지만 다르게 물어볼 재간 같은 건 없었다. 그리고 돌아오는 아이들의 반응은 대개 두 가지였다. 하나는 시큰둥하거나 짜증을 내는 것, 나머지 하나는 제일 무섭다는 묵묵부답. 꿈이 뭐냐는 질문을 던지고 나면 그 다음 분위기는 늘 싸해졌다. 어떤 아이는 꿈이 뭐냐는 질문에 "전 공부 잘 못하는데요"라는 엉뚱한 대답을 해서 나를 당황하게 만들기도 했다. 대체 이 아이는 어떤 경험을 하고 어떤 말을 들었기에 꿈은 공부 잘하는 아이만 가질 수 있다는 슬픈 생각을 하게 된 걸까?

행여 꿈이 있다고 자신만만해하는 아이들도 사정은 크게 다르지 않다. 접대용 꿈 또는 진짜 내 것이 아닌 꿈. 아니, 내 것인지 엄마 것인지 알쏭달쏭한 꿈. 사춘기 시절을 뒤돌아보면 나도 이들과 비슷했던 것 같다. 꿈이 뭐냐는 질문과 꿈을 가지라는 요구는 많이 받았지만 구체적인 건 아무것도 없었다. 진로와 미래에 대한 정보도 교육도 방법도 없었다. "Boys, Be ambitious!" 같은 그저 높은 이상만 있을 뿐이었다.

지금은 어떨까? 내가 살았던 그때보다 세상이 훨씬 나아지고 좋은 정보가 넘쳐 나는데도 꿈을 꾸는 건 오히려 더 힘들어진 것 같다. 그러면서 '꿈을 가져야 한다'라는 명제가 요구가 아닌 한층 강도 높은 강요가 되어 버렸다. 예전보다 더 잘 먹고 잘 살게 되었는데 대체 왜, 꿈꾸는 것이 더 힘들어졌는지 나의 단순한 머리로는 이해하기 쉽지 않았다. 그러다가 교육 컨설턴트로 수많은 학생들과 그들의 부모들을 만나면서 그 이유를 알게 되었다.

그것은 바로 우리가 꿈에 대해 제대로 배운 적이 없다는 것이다. 꿈을 가지라는 말만 들었을 뿐 꿈이 무엇인지, 어떻게 꿈을 구체화하고 현실에 접목시킬 것인지에 대한 얘기를 해 준 사람이 없었다.

지금 아이들뿐만 아니라 부모 세대들 역시 마찬가지다. 그 방법을 모르니 제대로 꿈을 가져 본 적도 없었을 것이다. 자녀에게 가르쳐 줄 수 없는 건 두말하면 잔소리다. 이렇게 서로가 보고 배운 경험이 없는데도 여전히 부모는 아이에게 꿈을 가지라고 강력하게 요구하고, 아이는 꿈을 가져야 한다는 강박에 시달리고 있다. 결국 십 대들은 '꿈' 앞에서 서글픈 존재가 되어 버렸다.

꿈에 대한 개념부터 시작하자

꿈이 뭐기에 어른들은 '꿈, 꿈, 꿈' 꿈 타령을 하는 걸까? 대체 꿈의 정체가 뭐란 말인가? 그 개념부터 서로 합의를 해야 다음 이야기로 넘어갈 수 있을 것이다.

내가 생각하는 꿈은 나만의 북극성 같은 것이다. 인생의 방향과 목적지를 알려 주는 이정표 말이다. 산속에서 길을 잃거나 캄캄한 밤에 망망대해를 표류하게 되었다면 어떻게 이 위기에서 벗어나 제대로 길을 찾을 수 있을까? 그때 우리가 의지할 수 있는 건 밤하늘에 떠 있는 북극성이다. 북극성만 제대로 잘 찾으면 지금 자신이 있는 위치도 확인할 수 있고 앞으로 가야 할 방향도 정할 수 있다. 북극성으로 길을 찾아가듯, 꿈은 내가 원하는 인생을 살아갈 수 있는 방향을 알려 주는 역할을 한다. 꿈이 꼭 필요하고 아주 중요한 이유가 바로 여기에 있다. 인생의 방향을 잘 잡으려면 나만의 북극성을 잃어버리거나 놓치는 일이 일어나서는 절대 안 된다. 산속에서 길을 잃었을 때 북극성이 없다는 건 곧 조난을 의미한다. 이처럼 꿈이 없는 인생이란 길을 잃었을 때 북극성이 없어 갈팡질팡 조난을 당한 것과 같다. 꿈 없는 삶은 곧 표류하는 삶이다.

그런데 많은 사람들이 이러한 사실을 모르고 있다. 꿈을 인생의 방향으로서가 아니라 하나의 직업처럼 무엇이 되고 싶은지를 결정하는 수단으로 착각한다. 무엇이 될지를 결정하면 그것에 맞는 인생이 펼쳐질 거라 여기고 있다. 하지만 꿈은 '무엇이 되겠다는 것'보다 '어떻게 살겠다는 것'과 관련 있다. 우리가 제대로 된 꿈을 갖지 못하는 가장 큰 이유가 바로 이 착각 때문이다.

꿈의 개념 속에는 무엇이 되어 어떻게 살겠다는 의미가 포함되어 있다. 꿈을 여행의 목적지와 거기까지 가는 과정이라고 본다면, 직업은 목적지까지 가기 위한 교통수단과 같다. 직업은 꿈을 실천하는 수단이나 도구에 불과하다는 말이다. 그런데 사람들은 어떻게 살겠다는 큰 방향은 제쳐 두고 수단에만 매달리고 있다. 꿈의 전부가 아닌 일부만 생각하고 있는 것이다. 그래서 자꾸만 협소한 꿈만 꾸고 작은 일에도 쉽게 흔들리게 되었다.

상황이나 취향에 따라 교통수단은 얼마든지 달라질 수 있다. 힘이 들고 느릿느릿하긴 하지만 자전거를 타고 갈 수도 있고, 신형 자동차를 타고 쌩쌩 달려갈 수도 있고, 때론 버스를 타고 돌아갈 수도 있다. 그리고 다른 수단으로 갈아탈 수도 있고, 힘들 때는 잠시 길에서 쉴 수도 있다. 자신이 선택한 교통수단에 따라 다른 풍경을 보고 다른 과정을 겪겠지만 결국 우리는 그 수단을 통해 목적지에 도달할 것이다. 중요한 건 자신이 정한 목적지까지 가는 것, 그리고 그 과정을 즐기는 것이다.

하지만 '직업=꿈'이라고 생각하게 되는 순간, 여행의 목적지는 무의미해지고 교통수단이 중요해져 버린다. 그러면 두 발로 달려야 하는 자전거보단, 많은 사람들과 함께 타야 하는 버스보단 혼자서 편하게 쌩쌩 달릴 수 있는 자동차만을 원하게 될 것이다. 또 이왕이면 중고차보단 새 차, 남들보다 더 좋은 차를 타고 싶어질 것이다. 그러다 보면 자신도 모르게 더 좋은 자동차를 갖는 데만 전력투구하게 되어, 어느 순간 자동차를 타고 자신이 도달해야 할 목적지를 새까맣게 잊어버리게 될지도 모른다. 이런 지경까지 오게 되면 사실 목적지는 별로 중요하지 않게 된다. 좋은 자동차를 가진 후에 그때 가서 목적지를 정해도 늦지 않다고 생각하기도 하고, 좋은 자동차가 있기 때문에 더 멀고 더 멋있는 목적지를 선택할 수 있다고 믿기도 한다. 하지만 과연 그럴까?

꿈에 대한 잘못된 개념은 꿈꾸는 방법까지 헷갈리게 만들었다. 지금까지 우리는 꿈을 아이들의 전유물로만 여겨 왔다. 그래서 아이들은 꼭 꿈을 가져야 한다고 믿었다. 이왕이면 아주 크고 원대한 꿈, 확실한 꿈을 가지라는 요구를 받아 왔다. 큰 발전기가 더 많은 전기를 생산해 내는 것처럼 크고 확실한 꿈을 가져야 그것을 원동력으로 힘든 일도 참아 내고 미래를 위해 노력할 수 있다고 믿었다. 그런데 결과는 어떤가? 대부분 아이들은 꿈이 없는 채로 살아가고 있다.

이제 잘못된 꿈의 개념과 방법 모두 던져 버리고 밑바닥에서부터 꿈에 대해 다시 생각해 봐야 한다. 개념이 달라지면 그것을 실행하는 방법도 달라질 테니 말이다.

우리가 제일 먼저 알아야 할 것은 꿈은 변하지 않는 고정불변의 것이 아니라는 점이다. 왜냐하면 다양한 것을 경험하고 배우면서 생각과 가치관이 변할 수 있기 때문이다. 그래서 꿈은 보통 다른 것이 더해지기도 하고 빠지기도 하면서 만들어진다. 그렇다고 해서 꿈의 본질까지 변해도 되는 건 아니다. 중요한 건 꿈의 형태가 아니라 본질이기 때문이다. 이렇게 변화의 가능성을 열어 놓으면 한결 편안한 마음으로 꿈이라는 걸 생각할 수 있을 것이다.

다음으로는 꿈의 가능성을 조금씩 구체화하기 위해서 그와 관련된 정보를 모아야 한다. 아무런 정보 없이 막연히 기대만 한다고 해서 꿈이 확실해지는 게 절대 아니다. 모르는 만큼 불안해지고, 그러다 보면 쉽게 포기하게 된다. 사람은 결코 자신이 잘 모르는 걸 선택하지 않는다. 물건을 하나 사더라도 자신이 잘 아는 것들 중에서 더 관심이 가고 더 좋아하는 것을 선택하기 마련이다. 왜냐하면 구체적으로 알아야 그것의 가치와 의미를 깨달을 수 있기 때문이다. 가치와 의미가 결여된 꿈은 스쳐 지나가는 한여름 밤의 꿈이 되기 쉽다. 아이들이 하루에도 수십 번 꿈을 바꾸는 것도 자신이 꾸는 꿈이 어떤 건지 구체적으로 모르기 때문이다.

이런 점에서 십 대들에게 꿈이 없는 건 당연하다. 고작 십여 년 인생에서 뭐 얼마나 대단한 경험을 많이 했다고 그것을 제대로 알 수 있겠는가. 십 대들이 가질 수 있는 꿈은 막연한 몽상에 가깝다. 따라서 사춘기 시절에는 확실한 꿈을 정하는 게 아니라 다양한 꿈들을 탐색해 보며 친숙해지는 게 필요하다. 간혹 자신은 확실한 꿈과 목표가 있다고 큰소리치는 아이도 있다. 그런데 그게 정말 자신이 원하는 것인지 아니면 부모의 기대나 요구를 자신의 것이라 착각하고 있는지는 곰곰이 생각해 봐야 할 것이다.

그런데 이보다 큰 문제는 우리 모두 그 착각 속에서 살고 있다는 점이다. 그러한 착각에 이미 익숙해져 있다는 게 더 정확할지도 모르겠다. 어릴 때부터 아이의 모든 것이 결정된다는 조급증에 사로잡혀 있는 오늘날 대한민국에서 아이가 맘 편히 꿈을 탐색할 여유를 주고 느긋한 마음으로 지켜봐 줄 수 있는 부모가 과연 얼마나 될까? 게다가 진학과 같은 문제에서 부모의 조급증은 심한 급성 증

세로 치닫는다. 급하다는 건 불안하다는 것이고, 달리 말하면 준비가 되지 않았다는 말이다. 누가? 아이가 아닌 바로 부모가.

10대는 꿈을 결정하는 게 아니라 꿈에 익숙해지는 시기

사실 우리 부모들을 조급하게 만드는 것은 개인의 문제라기보단 우리 사회의 구조적인 문제로 보는게 맞다. 왜곡된 교육 구조와 그 속에서 파생된 잘못된 가치관이 개인에게 끼친 구조적 해악에 가깝다. 그래서 아이의 장래를 위해 조급한 가슴을 부여잡고 전전긍긍하는 이 땅의 많은 부모들을 탓하거나 비난하고 싶은 생각은 별로 없다. 이미 수많은 책이나 강연을 통해 '부모가 바뀌어야 아이가 바뀐다' 따위의 말을 신물 나게 듣지 않았는가. 그렇다고 사회적 문제를 길게 성토할 생각도 없다. 나는 그런 고리타분한 것보다는 현실 속에서 직접 문제를 겪고 있는 아이와 부모, 그리고 그들의 관계를 말하고 싶을 뿐이다.

목표도 없고 꿈도 없고 더불어 노력까지 부실한 자녀 때문에 속이 문드러져 돌아가시기 일보 직전이라고 하소연하는 세상의 부모들에게 당부하고 싶은 말이 있다. 자녀가 하루라도 빨리 꿈을 갖고 그 꿈을 이루기 위해 열심히 노력해 주길 바란다면 먼저 "꿈을 가져야 한다"라는 말부터 그만둬야 할 것이다. 꿈이 뭐냐고 묻거나 빨리 무언가를 결정하라고 재촉하려는 생각은 아예 접어 두길 바란다. 그럴 시간과 기운이 있으면 아이의 구미를 당길 만한 꿈의 선택지를 만드는 데 신경 쓰는 것이 백배 낫다.

그리고 아이가 선택지 하나하나를 마음 편히 즐겁게 탐색할 수 있도록 옆에서 지켜보며 기다려 주면 된다. 가끔 가방 가게 판매원이 고객의 마음을 유도하기 위해 가벼운 추임새를 넣듯 아이의 반응에 따라 즐겁게 맞장구를 쳐 주면 된다. 그러면 어느 순간 아이 스스로 제일 마음에 들고 만만한 것을 골라잡을 것이다. 앞에서도 말했듯이 꿈은 자신에게 익숙한 것, 잘 아는 것 중에서 고르게 되기 때문이다.

그런데 이 괘씸한 녀석이 제대로 살펴보지도 않고 고를 생각도 없다면 어떻게 해야 할까? 물론 화가 치밀며 당장이라도 소리를 지르고 싶을 것이다. 하지만 이 세상에 자신이 추천한 가방을 고르지 않는다고 손님에게 화를 내며 소리 지르는 판매원은 없다. 있다면 그야말로 막장 점원인 거다. 부모도 마찬가지다. 아이가 자신이 공 들여 만든 선택지를 거들떠보지 않고 또 고르지 않는다고 해서 화를 내 버리면 막장 부모가 된다.

자녀가 상전도 아니고, 이러다간 부모가 울화병 걸려 죽겠다고 항변하는 사람도 분명 있을 것이다. 이에 대해 나는 "이게 바로 교육이다"라고 말하고 싶다. 교육은 부모가 자녀를 마음대로 휘두르는 게 아니다. 나무를 키우는 일처럼 자녀가 잘 클 수 있도록 거름을 주고, 벌레를 잡아 주고, 적당히 가지치기를 해 주는 것이다. 교육은 힘들고 고된 게 당연하다. 그래서 부모는 자식과 함께 성장하면서 진정한 부모가 된다고 하지 않는가.

아이가 다양한 선택지 중에서 마음껏 선택할 수 있는 권한을 주고, 아이의 선택을 믿고 여유롭게 기다려 주는 게 부모가 해야 할 일이라고 본다. 이것이 바로 부모가 아이의 인생에 가장 현명하고, 또 효율적으로 개입할 수 있는 방법이다.

또 한 가지, 부모도 아이와 마찬가지로 꿈을 가지는 게 중요하다. 자식을 키우겠다는 꿈 말고 다른 꿈이 있어야 한다. '이 나이에 웬 꿈?'이라고 쑥스러워할 일이 아니다. 이제껏 수많은 아이들과 꿈에 대해 여러 대화를 나누었지만 그들 중에 우리 부모님의 꿈이 뭔지 알고 있는 아이는 단 한 명도 없었다. 그도 그럴 것이 아이들은 꿈이라는 것이 자신들만 가져야 하는 의무나 과제로 여기기 때문에 부모님도 꿈과 목표가 있을 거라는, 아니 있어야 한다는 생각을 전혀 하지 못하고 있다. 그런 생각을 못하는 사람은 아이들뿐만이 아니다. 부모들도 그런 인식을 하지 못하고, 오직 우리 자녀가 원대한 꿈을 갖고 열심히 공부에 매진해 주기를 막연히 바라고 있지 않은가.

자녀가 꿈을 꾸기를 원한다면 부모가 먼저 자신의 꿈을 보여 주어야 한다. 자신의 소중한 꿈을 찾아서 그것을 위해 작게나마 노력하는 모습을 하나씩 보여 준다면 꿈을 가지라고 달달 볶지 않아도 아이들은 자연스럽게 꿈을 찾아 나설 것이다. 아이와 마주 앉아 "엄마 꿈은 이런 건데, 네 꿈은 뭐니?"하고 물을 수 있을 때 엄마와 아이 사이에 있는 꿈의 시차가 더디게나마 극복될 수 있을 것이다.

4. '꿈'에 대한 시차 점검

번 호	문 항	전혀 그렇지 않다 0 min	보통이다 15 min	가끔 그렇다 30 min	자주 그렇다 1 hour
1	우리 아이는 분명한 꿈과 목표가 없는 것 같아서 불안하다.				
2	적어도 중학교까지는 우리 아이의 꿈을 찾아 주어야 한다고 생각한다.				
3	내가 우리 아이에게 바라는 진로가 있다.				
4	꿈과 진로는 빨리 정하면 정할수록 좋은 것이다.				
5	미래에 대해서 별생각이 없는 우리 아이의 모습이 불만스럽다.				
6	아이와 함께 미래에 대한 이야기를 해 본 적이 없다.				
7	아이의 꿈이 너무 자주 바뀌는 것 같아 신뢰가 가지 않는다.				
8	부모라면 아이의 진로에 대해서도 관리를 해 주어야 한다.				
9	공부에 소질이 없다면 빨리 다른 길을 찾아야 한다고 생각한다.				
10	학교 선택에 대해서는 부모도 아이만큼 결정권을 가지고 있어야 한다.				
11	아이가 원하는 꿈을 평가하고 비판하는 편이다.				
12	나는 현재 나에 대한 분명한 꿈을 갖고 있다.				

시차 진단 해설표

시차 0~3시간 **"꿈이 뭔지 잘은 모르지만 같이 해보자고!"**

자녀와 꿈과 목표에 대해서 이야기가 통하는 부모이다. 자녀가 아직은 미숙하지만 관리하고 직접 해결해 주려 하기보다는 앞으로의 과정을 통해 홀로 설 수 있기를 기대하고 응원하는 편이다. 아이가 부족하다고 판단하기 전에 부모 자신의 삶 속에서 꿈을 찾는 모습을 보여 줌으로써 아이에게 큰 힘을 줄 수 있다.

시차 3~6시간 **"큰 기대는 없지만 이대로라면 뭔가 허전해."**

꿈에 대한 개념이 부모와 자녀 모두 명확하지 않아서 서로 관심을 갖고 다가가기 어려운 상황이다. 특별히 부모가 관리를 하거나 강요하지는 않지만 그래도 자녀에 대한 불안한 마음이 막연히 있고 늘 예의 주시하고 있다. 성적이 떨어질 경우에 관리형 부모로 전환할 마음의 준비를 언제라도 하고 있다.

시차 6~9시간 **"너의 꿈을 이루는 데에는 내가 필요해."**

부모가 바라는 자녀의 모습인지 아닌지에 많이 영향을 받으며 수시로 관리력을 행사하고 있다. 자녀가 부족한 부분을 찾아서 도움을 주어야 한다는 의식이 강하다. 자신의 생각을 관철시키기 위해 정보를 찾아다니며 이대로 따라와 주기를 바란다.

시차 9~12시간 **"너는 꿈은 신경 쓰지 마. 내가 있잖아."**

자신이 원하는 자녀의 진로와 목표가 명확하며 이것을 달성하는 것이 부모가 할 일이라고 생각한다. 자녀의 부족한 부분을 찾아서 자신의 기준에 맞게 교정하는 것이 지상 과제이다. 꿈이란 건 자녀와 타협할 성질의 것이 아니며, 오로지 부모의 판단에 따라 좋은 길을 만들어 줄 수 있다고 여긴다.

10대들의 시계는 엄마의 시계보다 느리다

1판 1쇄 발행   2015년 4월 13일

지은이 손동우
발행인 김동업

출판 브랜드 움직이는서재
주소 410-837 경기도 고양시 일산동구 중앙로 1233 현대타운빌 802호
주문 및 문의 전화 (031)819-9377(代) | 팩스 (031)819-9388
독자 의견 및 투고 원고 이메일 momandjoy@naver.com

발행처 (주)북파크   **출판등록** 제2015-000081호

ISBN 979-11-955066-3-7   13370
책값은 뒤표지에 있습니다. 파본은 바꾸어 드립니다.
움직이는서재는 (주)북파크의 출판 브랜드입니다.